出世する人の仕事術

ステファニー・ウィンストン＝著
野津智子＝訳

あなたの能力を引き出す12の極意

英治出版

ORGANIZED FOR SUCCESS

Top Executive and CEOs Reveal the Organizing Principles That Helped Them Reach the Top

by

Stephany Winston

Japanese translation rights arranged with
Crown Business, an imprint of Random House, Inc.
through Japan UNI Agency, Inc., Tokyo.

はじめに──彼らは、どんな仕事のしかたをしてきたのか？

私のもとへは、毎日のように管理職の人たちから連絡がきます。自分の職場はあまりにも無駄がなく、生産性に重点が置かれているので、今では仕事を同時にこなすよう求められている気がするというのです。彼らはしょっちゅう、「やるべきことがありすぎる」と言います。こなさなければならない仕事が多すぎて、ストレスが増しています。

そんなある日のこと、ふいに私は気づいたのです。長年、経営トップの下で働く人たちの相談にのってきましたが、大企業の出世階段を上りつめたトップのなかで、時間管理や効率的な仕事のしかたについて私に助けを求めた人は一人もいない、ということに。

これは、どういうわけなのでしょう？　なぜ、彼らは短い時間で、仕事をてきぱき片づけられるようになったのでしょう。私たちには欠けている何か特殊なスキルや作戦を持っているのでしょうか。

成功した企業トップが用いている時間管理や仕事の片づけ方の秘訣には、管理職の人はもちろん、誰もが興味を抱くに違いありません。私は、そうした秘訣をぜひ探ろうと心に決めました。そして完成したのが、本書です。

初めは、トップの多くが、効率よく仕事を片づけられるのは、その地位にある人だからだと思っていました。そうでなければ、その地位にまで上りつめることはできなかったでしょう。

ところが予想に反して、大企業のトップとして活躍している人々には、効率のよい仕事の片づけ方や時間管理に関する隠された事実がありました。彼らは、私たちとは違う実に有意義な方法で、仕事を片づけているのです。

でも、ご安心を。彼らから学び、取り入れられることはたくさんあります。

トップをめざすのであれ、今いる地位で生産性を高めるのであれ、本書の情報を使えば、あなたは生産性を高め、時間を増やせるようになるでしょう。

すなわち、トップたちの戦略を用いれば、あなたは自分の職場で、トップたちのように仕事ができるようになるのです。

はじめに――彼らは、どんな仕事のしかたをしてきたのか？ 3
本書の使い方 12

第1章 デスクワークの極意 13

机の上をすっきりさせる4つのステップ 14
まず一枚の書類に集中する 15
「完璧」ではなく「修正」がいい 18
自分の記憶力を信頼してはいけない 19
「記憶のヒント」をスケジュール帳に書き込む 21
「備忘録ファイル」の有効な使い方 23
出張のときは、どうするのか 24

不要な報告書をいかに減らすか　25

第2章　Eメールの極意　27
メールをうまく管理する方法　28
要点を明確にする　29
二度に分けて返信する　31
受信相手の状況を考慮する　32
メールの数を減らす　34
プリントアウトすべきか否か　35
メールに優先順位をつける　36
返信メールを忘れずに書く　37
メールと直接話すこととのバランスをとる　38

第3章　TODOリストの極意　43
二万五〇〇〇ドルの「TODOリスト」　43
「TODOリスト」の3つのスタイル　45
毎日作成する詳細リスト　46

更新型のマスター・リスト　48
もっとも簡単なリスト　52

第4章　スケジュールの極意　54

自分に合ったスケジュール表を選ぶ　56
2タイプのスケジュール表　57
シンプルで実用的なスケジュール表　58
情報満載のスケジュール表　60
手書きにするか、PDAにするか　61

第5章　メモの極意　64

あらゆる情報を収納する「雑記帳」　64
インデックスカードを使う　68
アイデア専用のファイルを使う　69
レコーダーを活用する　70

第6章　電話の極意　72
戦略的な電話の使い方　73
24時間以内に必ずかけなおす　74
時間のないときはボイスメール　76

第7章　時間を生み出すための極意　79
トップたちはどう時間をやりくりしているのか　80
自分だけの時間を確保する7つの戦略　81
予定は変わるものと受け入れる　87
時間を生み出すための下準備　88
「10分間の秘訣」で時間を生み出す　90

第8章　すばやく仕事をこなすための極意　111
生産性を上げるための8つの方法　90
最良の時間の使い方を見つける　99
あなたの活力をみなぎらせるものは何か　100

心を落ち着かせて、エネルギーを充電する 102
最も活動的になれる時間帯を活用する 105
時間に対し、「独自の概念」を持つ 105

第9章 集中力を高めるための極意 107

一度に複数の仕事をしない 108
「スポットライト的」集中力を養う 111
集中力を高めるための作戦 112
最終期限を設ける 113
集中しやすい状況を見つける 114
集中力を高めるためのヒント 115

第10章 優先順位をつけるための極意 117

優先すべきことを把握する 119
しないことのリストを作る 122
するべきことに集中する 124

優先順位をつけるための基本方針 125
収益に関連することを優先させる 125
「カギとなる行動律」に基づくことを優先させる 127
目標に合うことを優先させる 129
優先すべき仕事が対立したときには 131
「優先事項のコンパス」の使い方 132

第11章 会議の極意 136
「会議を作る」ための6つの基本原則 138
議題を紙面に記入し、事前に配布する 142
定刻に始まり、定刻に終わる 143
強力なリーダーシップを発揮する 145
未決事項を残さない 146
実りある会議を妨げる問題を解決する 148
会議を自分のものにしたいなら 151

第12章 「仕事の邪魔」に対処するための極意 153

「仕事を妨げるもの」への3つの対処法　155
「仕事を妨げるもの」を四六時中歓迎する　155
適度にオフィスを開放する　159
人々の求めに、控えめに応じる　161

まとめ――〈出世する人の仕事術〉とは何か？　164
「他人に影響をもたらす」ことを重視する　166
つねに一点に集中し、影響力を広げる　168
机の上の90パーセントを委託する　169
委託する人がいない場合は　173
影響力を支配する13の機会　176
すべての仕事に用いている戦略　187

仕事術の極意12カ条　188

本書の使い方

本書は、あなたの本です。したがって、あなたの役に立つように、本書を使ってください。

おすすめは、①目次を道路地図として用いながら、まず一度読み通すこと。②あなたの優先事項や関心事に合う章の横に、チェック印をつけましょう。③チェック印をつけた最初の章に戻って、あなたにいちばん大きな影響をもたらしそうな考えを混ぜ合わせ、取り入れてください。

たとえばEメールの管理があなたにとって大きな問題になっているなら、その章から始めましょう。そして、私が提案するエクササイズのうち、納得できるものを実行してください。

まずは、トップたちの戦略を少しずつ自分のものにしていってください。たとえ秘書がいなくても、その習慣を取り入れることはできます。あなた自身のスタイルを見つけましょう。計画を練り、着実に実行していきましょう。

行動を起こしはじめたらすぐに、みなさんは、生産性をアップさせ、不動の地位を確立するという望みに二歩近づくことになります。みなさんが幸先のよいスタートを切られることをお祈りしています。

第1章 デスクワークの極意

机が書類でグチャグチャになっていませんか？

ニューヨークの大物政治家マーク・グリーンは、私たちを代弁してこう言いました。

「私の机の上は、まるで噴火後のポンペイの町のようだ。ところが巨大企業のトップたちは、机の上をつねにすっきりと片づけている。なぜそんなことができるんだ？」

グリーンの言葉はもっともです。このデジタル時代でさえ、物があふれかえっている机はそこかしこにあります。しかし、企業トップの机がそうなっていることはありません。

たとえば、ポケモンUSAの社長アキラ・チバ氏の場合を見てみましょう。彼の机の上は広々として、コンピュータと、ペーパーウェイトなどの卓上品と、記念品と、目下取り組んでいるプロジェクトに関する書類が少々、置いてあるだけです。

いったい何をどうすればそんなふうに片づくのでしょう。机上から物をなくすには、トップたちが実行していて私たちが実行していない、書類管理の秘密があるのでしょうか？

実は、成功しているトップというのは、書類仕事をするとき、とんでもなく「冷酷に」なるのです。

私は、一般的な書類がトップの未決書類入れに入ってから出ていくまで、どれくらいの時間がかかるか、実際に計ったことがあります。どれくらいかかると思いますか？　1週間？　それとも、2日？　実は、誇張なしに、わずか10分だったのです。

トップたちは、いつまでも書類を手元に置いていることに我慢がなりません。ある人は、「書類を机の上から追い払ってはまた未決書類入れから取り出すなんて、〈ビョーキ〉だ」と言っていました。ほんとうに〈ビョーキ〉かどうかはわかりませんが、私にはかなり的を射た表現であるように思えました。

このトップが、机の上をみごとなまでにすっきりと片づけようとする傾向は群を抜いています。

★――机の上をすっきりさせる4つのステップ

トップたちのように机の上をすっきり片づけるには、どうすればいいのでしょう？

一流企業のトップが、机に向かって書類やメールを残らず片づけていくところを想像してみてください。すると、補佐役の部下たちが一連の作業を手伝っている様子が思い浮かぶでしょう。そうした光景は、企業のトップになれば、ごく日常的なものになります。

しかしそこには意外な事実があります。トップたちは、その地位に就くずっと前から、徹底的に書類仕事を片づける習慣を持っていました。彼らは、若いときから、机の上を、トップとなった今と同様にすっきりと片づけていたのです。

注目したいのは、机の上を片づけるのに欠かせないのは、持って生まれた性質でも、生来の天才であることでも、助手が大勢いることでもないという点です。それは、処理すべき書類ひとつひとつについて、4つの選択肢からひとつを選択することなのです。

私はこれを**TRAFシステム**と呼んでいます。TRAFは意志決定の強力な道具で、書類に関する行動を吟味するための、たしかな「ひな形」を提供してくれるのです。

次に紹介するのは、トップたちが使っている2つの戦略的テクニックです。これらのテクニックを使えば、書類の山を手早く確実に処理し、机の上をすっきりと片づけるという目標を達成できるようになるでしょう。

★——まず一枚の書類に集中する

企業トップたちが書類仕事やEメールを片づけるのを見るうちに、私は彼らが机の上にものを山積みできないほんとうの理由に気がつきました。片づけるべきものが何であれ、彼らは何らかの処理を施すまで、ひとつひとつの仕事に恐ろしいまでに集中しているのです。

じっと見つめているのは、ほんの10秒ほどかもしれません。しかしその10秒のあいだに、彼らはＴＲＡＦのいずれにするかを決定し、実際に実行してしまいます。ゴミにしたり、あとで誰かと話し合うためにファイルに挟んでおいたり、あるいはさっと返事を書いて送信トレイに入れておいたりするのです。

彼らはほぼ例外なく、視野の範囲内にある書類が処理されるまで、絶対に放置することはありません。モザイクタイルのなかの小さな１枚をじっと見つめるように、彼らはそれぞれの書類を見ます。そして、ひとつひとつを適切な場所に置き、処理していきます。

ひとつの書類に集中することが難しければ、次のような練習をすると、「集中する」ことが当たり前の過程になります。

1　机上にある書類を、10枚以内で選び出してください。
2　レポート用紙に大きく「１」と書きます。
3　１枚目の書類のみに関して、ＴＲＡＦを実行してください。あとでまた見る必要がある場合は、書類に印をして、スケジュール表あるいはコンピュータのなかですぐ

Toss it———————ゴミにする
Refer it——委託する（誰かに手渡す、あるいは誰かと話し合う）
Act on it personally——すぐに自分で処理する
File it———————ファイルに挟んでおく

目につくようにしておきましょう。

4　ＴＲＡＦが終わったら、レポート用紙の「１」に「済」と印をつけましょう。気分よく感じられるはずです。

5　次いで、「２」と書いて、ふたたびＴＲＡＦを行ってください。10枚を超えてはいけません。済んだら、休憩しましょう。

6　１日が終わるまで、もたらされるすべての書類について同様の作業をしてみましょう。

来る日も来る日も整然とＴＲＡＦを行うことに没頭していると、３、４週間もすれば、集中することが、自然で当たり前の作業に思えてくるはずです。

ＴＲＡＦのコツがつかめたら、週に２、３度、未処理の書類についてＴＲＡＦを行ってください。たまっていた書類がまたたく間になくなっていくことに、あなたはきっとびっくりするはずです。

★──「完璧」ではなく「修正」がいい

ＴＲＡＦの判断を誤ってしまうことはないのでしょうか。

まちがうことは、たしかにあるでしょう。しかし、企業トップの大半がこう言います。

「どんなまちがいをしようと、修正が可能だ」と。

ＴＲＡＦを行って処理することを、あとで軌道修正するための「機会」として見るようにしてみてください。トップたちを観察してわかるのは、「決定を下すことは、つねに正しくあることより、はるかに重要だ」ということです。

ちょっとした決定を数多く行うと、あなたの意志決定する力は日々強くなっていきます。

また、職場における書類仕事を、トップたちのように処理できるようにもなります。

実際、トップたちが用いる効果的な戦術にとって、この意志決定を重んじる姿勢はとても重要です。そのため、私はこれを「仕事術の極意」と呼んでいます。


極意１──すべての書類は、「ＴＲＡＦ」でとにかく決定する！

書類整理のためのおすすめの方法を、あと2つ紹介しましょう。

1　日に2、3度、書類やEメールの処理に没頭する——トップたちの大半は、7時ころに出社して、机の上をすっきりと片づけます。みなさんも、出社してすぐに、あるいは休憩時間の直後に、30分やってみてください。それ以降にも、TRAFに没頭する時間を15分ずつ2度設けて、書類仕事やメールの重圧を取り払ってください。

2　日中に緊急のメールが送られてきた場合——フィルターを設定して、上司や得意先など重要な人たちからメールが来たら、すぐ通知されるようにしておきましょう。

★——自分の記憶力を信頼してはいけない

最終期限に遅れたり、約束を守れなかったり、部下を監督できなかったり、折り返し電話をするのを忘れたり、長期のプロジェクトを管理しつづけられなかったりすることは、ビジネスにおいて混沌や失敗を招く原因として最も軽視されているものです。

強い言い方ですが、これは事実です。どこまでも追求し、最後までやり通すことがしっかり行われていないとどんな結果が起こりうるか、ありがちな例を2つ見てみましょう。

1　あるクリエイティブ・ディレクターは、「新しく作った、ホームページ用の説明図を見てほしい」というメールに対して、「今度の水曜日に連絡する」と返信した。ところが連絡するのを忘れてしまい、催促されることになった。それも、二度もである。今ではこのディレクターのことを同僚たちはこう評価している。「たしかに、いいヤツだし、才能もある。ただ、当てにはしないほうがいい」

2　あるマーケティング担当者は、医師を対象とする新販路を開拓するためキャンペーン活動を進めていた。そして、医師会のなかの重要人物について情報を得ようと、知人に電話をかけた。ところが知人は休暇中で、マーケティング担当者はあとでまた連絡をとるのを忘れてしまった。ついに、早く情報を得るよう上司に怒鳴られた。

日頃から、するべきことを堅実に追求していれば、緊急事態が生じてその対応に追われ、予定を大幅に狂わされるなどということは、ずいぶん少なくなるでしょう。

しかしながら、実に多くの人が、自分の記憶を信頼するという過ちを犯しています。「今度の木曜日にお電話します」と言ったとして、誰がその約束を記憶にとどめているでしょう。みなさんも私も、私の知人の誰も、まず覚えていることはありません。

「うっかりしていた」という台詞を以後けっして口にしないために、これから紹介する、するべき仕事を着実にやりとげるためのシンプルなテクニックを、どんどん自分のものにしていってください。ただ、やりとげることを重荷としてとらえてはいけません。

★──「記憶のヒント」をスケジュール帳に書き込む

スケジュール表やPDAに「記憶のヒント」を書き込んだら、その仕事はあなたの頭のなかから離れます。覚えておかなければならないほかのすべてのことといっしょに、頭のなかをぐるぐるとめぐることはありません。

「記憶のヒント」というのは、然るべきときにあなたのコンピュータやスケジュール表にひょいと現れる、記憶を蘇らせる手がかりとなるもののことです。メリットは、ふたたび現れるまで、その件を頭から追い払っておけること。

記憶を蘇らせるための戦術をいくつか紹介しましょう。

1 必要な道具──スケジュール帳（手帳、コンピュータ、PDA、いずれでも可）と、「未決」事項専用の紙のファイル、もしくはコンピュータのファイル。ファイルには、記憶を蘇らせる手がかりとなりそうな文書はどんなものでも入れておきます。また、ほかの

ファイルとはっきり区別するために、緑や赤色のファイルを使うといいでしょう。

2

方法——顧客から電話がかかってきて、重要な添付説明書を再検討するために、次の木曜日に電話をしてほしいと頼まれたとします。スケジュール帳の木曜日の欄に、「記憶のヒント」を簡単に書きます。たとえば、「説明書の件でジョーに電話」といった具合です。あとで調べなおさなくて済むよう、私は電話番号もたいてい書いておきます。それから、説明書を未決事項ファイルに挟みます。木曜日になって「記憶のヒント」が現れるまで、この件はおしまいです。

どんな人であれ、するべき仕事を既定の時間にいつも追求できるわけではありません。たとえば、水曜日に電話をかける予定でいても、緊急の会議が開かれたために、かけられなかったりすることがあるでしょう。やりとげていないことがないかどうか、確認をしましょう。できれば日に一度、少なくとも週に一度、やりとげていないことをほかの日の欄にあらためて記入し、元のメモには上から横線を引いておきましょう。

3

コツ——いきなり約束ごとが現れた場合は、スケジュール帳を出すのがとても面倒に思えることがあるかもしれません。そういう場合、これを取り入れるとよいでしょう。

どこへ行くときもポケットにインデックスカードや付箋を持ち歩いて、ふいにできた約束をメモします。さらには、そうしたメモを「記憶のヒント」としてスケジュール帳に書き入れておくことを、1日の終わりにする日課のひとつにするのです。

あるいは、こんな方法もいいでしょう。書きとめるのが面倒な場合、「記憶のヒント」を自分のボイスメール・ボックスに送るのです。

★——「備忘録ファイル」の有効な使い方

「備忘録ファイル」は、守らなければならない約束や進み具合を管理する方法として、すでに有効性が実証されています。典型的な「備忘録ファイル」を、インデックスカードを少しアレンジしたものを使って説明しましょう。

まず、ファイルを31冊用意し、1から31までラベルをつけてください。さらに12冊ファイルを用意して、1月から12月までラベルをつけてください。

さて、懸案のプロジェクトに関して、今度の木曜日——今月の17日——に電話をすると、同僚に約束したとします。

するとあとは、17のラベルを貼ったファイルに、「記憶のヒント」のメモを、関係書類といっしょに放り込むだけ。手間も面倒もありません。

17日になったら、17のファイルを引っぱり出し、なかに入っているすべての仕事について、TRAFを行いましょう。次の日は、18のファイルの中身についてTRAFを行います。そして、その月が終わるまでつづけていきます。

次は、もっと先に何かをする場合です。たとえば、今は1月だとしましょう。そして、ある約束を3月に果たすことになったとします。関係書類を「3月」のファイルに放り込み、3月の初めになったら、なかの書類をそれぞれの日に振り分けていきます。

ほかの月についても同様です。それぞれの月初めに、その月にすべきことを日にちごとに振り分けていきましょう。

次にムダのない仕事術について、多くの人が投げかける質問とその答えを紹介します。

★——出張のときは、どうするのか

博物館の理事・マルシア・ゼリヴィッツはこう述べています。

「秘書の女性がよくやってくれるんです。郵便物は3つに種別しておいてくれます。ひとつは、ダイレクトメールなどあまり重要でないもの。あとの2つは、会計上あるいは仕事上の重要なもの。つまり、私が目を通さなければならないと彼女が知っているものですね。彼女はそうした郵便物をそれぞれ専用のファイルに入れておいてくれます。出張から帰ったら、私はこの2つのファイルに入っている郵便物に、たいてい戻って1時間以内に目を通します。あまり重要でない郵便物は、家に持ち帰って、週末にざっと見ます。たいていはゴミ箱行きですけどね」

書類や郵便物を種別してくれる秘書がいない場合は、次の方法を用いるとよいでしょう。

1　書類がたまるのを防ぐため、新たに来た書類を全部集めて、少なくとも1日おきに速達で送ってほしいと同僚か部下に頼みましょう。そうすれば、職場を離れているあいだも、書類を片づけることができます。

2　転送してもらうのが難しい場合は、出張から帰ったときに、集中して書類を片づける時間を設けましょう。早朝、深夜、あるいは週末にそうした時間を設けて、たまった書類を片づけます。そうすれば、書類の洪水に襲われたような感覚を覚えずにすみます。

★——不要な報告書をいかに減らすか

あるCEOは、多くの部下が分厚い報告書を受け取ってもろくに読みもしないことに気がつきました。部下たちは、報告書を留めているクリップをはずすと、報告書そのものはゴミ箱へ放り込んでしまうのです。
そこでこのＣＥＯは、３つの巧みな方法を考え出しました。

1　まず、部下たちが読まない報告書を、順次廃止しました。そして、部下たちが異議を唱えないかぎり、復活させませんでした。

2　年に1度、「不要な報告書」に関して会議を開きました。この会議では、少なくとも3つの報告書を必ず廃止にします。全員に対してどの報告書が役に立っているかを尋ね、実質的に役立っていない報告書は、例外なく廃止しました。

3　イントラネットに報告書を掲載し、アクセスする人数を数えました。アクセスする人がほとんどいない、あるいは皆無の場合、その報告書は廃止しました。

第2章 Eメールの極意

気づくとメールばかり打っていませんか？

実に多くのトップたちが、Eメールというのは、使い方を誤ると、コミュニケーションを促進するよりむしろ妨げかねないと言います。

しかしながら、そうした懸念は、Eメールが生み出す問題点の半面でしかありません。あとの半面は、「メールの波に飲み込まれてしまうこと」。

現代においては多くの組織が意思伝達の主要な手段としてEメールを頼りにしていますが、考えを思いつくなりメールを打ち、さらにはCCで大勢の同僚に送るため、メールの波が生み出されているのです。

1日に一〇〇通以下というのは、少ないほうだと思われます。業界によっては二〇〇通が平均になっていますし、三〇〇通を超す例も皆無ではありません。そこで私は、Eメールに関するこれらの問題点を扱うため、本章を2つの部分に分けることにしました。

1　何をどのように書くか——まず、ママメディア（子ども向けの相互交流型ウェブサイト）の創設者でありCEOでもあるイディット・ハレルが、どのようにして生産的なEメール文化を社内に築いたか、その驚くべき事例史を紹介します。

2　「予期せぬ結果」に対してトップが懸念すること——Eメールは職場でのコミュニケーションにおいて大きな役割を果たすようになりましたが、それとともにトップたちが持つようになった、「予期せぬ結果」に対する懸念について述べたいと思います。

★——メールをうまく管理する方法

企業トップは、書類仕事をするときと同様、メールに関してもTRAFを行っています。しかしながら、メールはすぐに収拾がつかなくなっていきます。

ここでは、ある企業のトップが社内においてどのように徹底してメールと取り組んだか、そのすばらしい事例史を紹介します。

イスラエル生まれのイディット・ハレルは、マサチューセッツ工科大学の博士号を持つ、コンピュータの天才です。

彼女と初めて会ったのは、ニューヨークのソーホーにある、彼女が興したママメディア社でのことでした。レンガ造りの壁の、心地よい建物で、彼女と社員たちは、仕切りのない広々とした空間で仕事をしています。

しかし、ほかの多くの企業と同様、社内であまりに多くのメールをやりとりするため、社員たちはメールの波に飲み込まれそうでした。そこで彼女は、社員たちが水上に顔を出すのを助けるべく、メールを管理する戦略を懸命に考えました。

彼女はまず、メールの性格を、ママメディア社の目的に合わせる必要があると思いました。そうして考えたメール管理のポイントは、(1)要点を明確にする、(2)受け取った旨をすぐに知らせ、返事は自分の都合のよいときに出す、(3)「相手の状況を考慮する姿勢」を持つことで、他者を思いやった社内メールを書く方法を確立する、の3つでした。

★——要点を明確にする

ハレルはこう述べています。「まず、使う語句を統一すること。そうすれば、メールの意味がわかりやすくなります。思い思いの言葉が使われている場合に比べ、どれほど緊急を要するものか、どれくらい徹底して調べる必要があるか、よくわかるようになるのです」

そのための主たる手段としては、メールに必ず具体的な件名をつけること。効果的な件名をつけるために、以下の点を参考にしてください。

●件名を使って、そのメールの性格を伝える

――たとえば、「しなければならないこと」「ご参考までに」「会合の最新情報」などとつけるといいでしょう。できれば、メールを開かなくてすむよう、件名のなかに用件をすっかり入れてしまいましょう。たとえば、「木曜の午後3時に会合の予定」「木曜と金曜はシカゴにいます」「28日までに頼む」といった具合です。

ハレルも、件名を分類しておくと述べています。「連絡事項」とか「緊急」とか「ご参考までに」といった、ちょっとした言葉を添えるのです。

「社員は、内容がきちんと伝わるように、メールを書かなければなりません。全部を読まなくても、読み手の注意が重要なポイントに向くようにする必要があるのです。〈第2段落を読んでください〉などと書くのも一手ですね。その部分がメールのポイントだとわかります。あるいは、要点をまとめたものを添えてもいいでしょう」

★――二度に分けて返信する

「私はよく、1日に二〇〇通のメールを受け取ります。でも、うんざりすることはめったにありません」

ハレルが辟易《へきえき》せずにいられるのは、「受け取ったことをまず知らせ、きちんとした返事はあとで出す」というスタンスをとっているからです。

「私はすべてのメールに対し、受け取ったことをできるだけ早く知らせることにしています。きちんとした返事を即座に出さなければならないというのは誤解です。私は、2つの段階を踏み、その日行われる仕事に関するメールから対処していきます」

1 受信したら即座に、受け取ったことを知らせる――ハレルは、メールを受信するとほとんど間をおかずに、受け取ったことを知らせるメールを出します。「返事を期待される状態を管理して」いるわけです。そして、もっと都合のよいときに返事を書く余裕を生み出します。具体的には、次のようなメールを出しています。

「今、受信しました。返事は週が明けてから送ります」

「メール、読みました。よく考えたいと思いますので、お返事は来週いたします」

「とりあえず、簡単な返事を送りました。きちんとした返事は、来週送ります」

ただし、約束した日までに返事を出すよう、記憶を蘇らせる工夫をしなければなりません。さもないと、信用が失墜してしまうでしょう。

2 **きちんとした返事を出す**——その後ハレルは、時間を見つけて、相手に知らせた期日に間に合うように返事を書きます。タクシーに乗っているとき、夜中、約束の場所まで歩いているとき、通勤電車のなか、エレベーターに乗っているとき、コーヒーショップで休憩しているときなどを活用するそうです。

ハレルは一日中、次から次へとメールに対処していきます。そして、自分の都合のよい時間に返事を出して、ほかの多くの人が味わっている重圧感を解放しています。

★——受信相手の状況を考慮する

ハレルは、メールを実りあるものにしつづけることに重点を置いた、定例の作戦会議を開きます。そして、次のような点を話し合います。

1 **メールを誰に送るべきか**——「最大の効果を出すには、誰を受信者にするといいだろう。CCにすべきか、それともBCCにすべきか」という点を話し合います。

たとえば、ハレルは社員に、会議の告知に関するメールはアシスタントにも送るよう頼みます。もし彼女が返事を出さなくても、アシスタントが出すことができます。

2 **転送作業を簡略にする**――ハレルたちは日頃から、メール転送の基準を検討しなおしています。そして、「このプロジェクトに関しては、メールを転送しなくても支障はない」という具合に判断します。「プロセスを見ることは重要ではありません。結果が出たら、お知らせします」というわけなのです。

3 **私的なメーリングリストを制限する**――社員が私的なメールを受け取ることのないよう、ハレルは「プッシュ・プル式」の考え方を取り入れました。

私的なメールの場合、親しい同僚10人に送る《プッシュ》のはかまわないが、50人あるいは一〇〇人に送ってはいけない、というものです。その代わり、社員は会社の「デジタル掲示板」にメッセージを書き込みます。そうすれば、読み手は、ランチタイムや都合のいいときに、そのメッセージを「引っぱり出す《プル》」ことができます。

4 **尋ねる**――ある社員が「このプロジェクトに関して、きみのところにもBCCで送ろうか？」と尋ねます。尋ねられた社員は、プロジェクトが交渉段階にあるときにまず

ＢＣＣでメールを受け取り、１週間後、プロジェクトが順調に進みはじめるとまたメールを受け取ります。こうすれば、その社員は焦りを覚えることなく最新の情報を受け取りつづけることができます。

このように相手の状況をしっかり考慮することは、絶えず向上していこうとする姿勢を反映しています。ハレルの言葉を借りるなら、「うまくいっていることはそのまま大切にし、うまくいっていないことは変える」ということなのです。

★――メールの数を減らす

波のように押し寄せてくるメールに飲み込まれそうですか？

では、トップたちがどうやってその数を減らしているか、いくつか作戦を紹介しましょう。

ある経営トップは、日に一五〇通ものメールを処理するのに膨大な時間をとられて、うんざりしていました。そこで部下たちに、彼のところには「ＣＣ」や「ご参考までに」のメールは極力送らないよう指示しました。

すると、受信トレイに入ってくるメールは、実に半分以下に減ったのです！

これは、送り手は次の点を考えるべきだということです。「このメールは受け手に、何か具体的な行動を頼むものだろうか」「メール以外の形で伝えたほうが適切ではないだろうか」と。

また、次のような方法を使って、受け取るメールの数を減らしている人もいます。彼は、部下からのメールのうち不要なものについては、「このメールは必要ない」というコメントを添えて返信します。

彼は部下たちにこう言っています。「まずいことをした、などとは思わなくていい。私はメールの数を減らしたいだけだから。これからも送ってくれてけっこうだ。ただ、私がどういう種類のものは読む必要がないと判断しているか、わかるようになってくれ」

★——プリントアウトすべきか否か

メールをコンピュータ上でうまく処理できる人もいますが、プリントアウトしたほうが効率よくさばけるという人もいます（長いメールの場合はとくに）。

しかしながら、一見効率よく思えないかもしれませんが、実はプリントしたほうがはるかに時間を節約することができます。

テレビ局のニケロデオンを経営するティムは、ためしに、7、8通のメールはいつものようにコンピュータ上で処理し、あとの7、8通はプリントアウトしてみました。そして、プリントアウトしたメールのうち、２通は自分で返事を書き、残りについては手書きで指示をメモしてアシスタントに手渡しました（ＴＲＡＦでいえば、「委託」したわけです）。メールをプリントアウトしてアシスタントに渡すまでにティムが必要とした時間は、コンピュータ上でメールを処理するのにかかった時間のわずか半分にすぎませんでした。

フロリダ電力会社のウェイン・フォアハンドも、プリントアウトしたほうが時間を節約できることを知っています。出張に行くとき、彼はアシスタントに、自分宛てに届いたメールをプリントアウトして、ホテルにファックスするよう指示をします。そうすれば、夜のあいだにメールを片づけることができます。

★――メールに優先順位をつける

メールに優先順位をつけやすくするために、ある企業トップは、複数のメールアドレスを使っています。

ひとつは、至急返事をする必要のある、最重要の顧客や相談者用のもの。もうひとつは、ウェブサイトを通じての質問など、それほど緊急ではない問題に対処するためのもの。あとのひとつは、私的なメールをやりとりするためのものです。

色分けし、目で見てすぐわかるようにして、メールに優先順位をつけるのもいいでしょう。上司からのメールは赤、得意先からのメールは緑、配偶者や友人からのメールは紫、といった具合です。

★――返信メールを忘れずに書く

シグナ社の部長補佐キャロル・グレガーは、返信する必要のあるメールを、アウトルック・エクスプレスの「タスク」フォルダーまでドラッグし、期日を書き添えておきます。「タスク」フォルダーは毎日ダブルクリックします。すると、その日返信しなければならないメールが現れます。

また、スプリント社の執行役員フェイ・デイビスは、用事がすむまでメールを受信トレイに入れておきます。

たとえば、私が彼女と話した日、近々行われるオフサイト・ミーティングの責任者が「参考までに」として5通のメールを送ってきていましたが、彼女はミーティングが終わるまでそれらのメールを受信トレイに置いておくのです。

ミーティングが終わると、お知らせメールは、TRAFの言葉で言えば「ゴミにする」か「ファイルに挟んでおく」かのいずれかで処理されます。

メールをチェックするための道具としては、送信済みアイテムを活用する方法もあります。ここには、追跡してチェックしなければならないメールだけを残しておきます。たとえば、仮の議事日程表を同僚6人に送って、意見を求めたとします。数日して「送信済み」アイテムをチェックすると、2人がまだ返事をくれていないことがわかります。

このように追跡チェックすると、適切なときに確実に返事を受け取ることができます。

★——メールと直接話すこととのバランスをとる

メールを送るのではなく、電話をかけたり直接会って話したほうがよいのは、どんな場合でしょうか。

この質問をしたところ、驚いたことに、中間管理職からCEOまで実に多くの管理者が、メールに対してひどく否定的な反応をしたのです。彼らは、コミュニケーションの手段としてメールを使うことに、3つの懸念を示しています。それは、

(1) メールでは、人間らしい言葉のやりとりや、微妙なニュアンスの違いをうまく伝えられない
(2) 複雑な情報や議論の余地のある問題を伝えるには不向きである
(3) 効率が悪い

の3点でした。

まず（1）の点についてですが、アキラ・チバは、コミュニケーションの手段としては、メールを送るより、電話であれじかに会うのであれ直接話すほうが好きだと述べています。「リアルタイムで話をすると、情報の細かな点だけでなく、互いの微妙な気持ちまでをも伝えあえる」というのです。

この点についてでは、カレッジ・ボード（大学入試センター）のCEO、ガストン・ケイパートンも賛成しています。

彼はこんな指摘をしています。「必要な情報を手に入れるには、じかに話したほうがいいですね。相手から多くの言葉を引き出せますから。これは一対一でもグループでも同じです。それに、メールではけっして学べないだろうことも、いろいろ学べます」

メールに対して最も否定的だったのは、エスティ・ローダーのレオナルド・A・ローダー会長でした。「私はメールが嫌いです。じかに訪ねたり電話で話したりできるなら、けっしてメールは使いません。ビジネスは、膝を突き合わせてこそのものだと思うんです」

どちらの方法をとるべきか。その答えは、話題が、簡単な質問や参考程度のものなのか、それとも複雑な、あるいは微妙な問題なのかを見きわめることにあるでしょう。

たとえば、午後2時に、上司から販売数量を営業終了時間までに出すよう命じられたとします。あなたは直属の部下に、データを準備させなければなりません。

自分に問いかけてみてください。「メールで〈4時までにデータを私宛てに送ってくれ〉と言ったほうが、よい結果を得られるだろうか。それとも、部下を思いやり、彼の部屋に顔を出して、〈急な話で悪いんだが、上司に販売数量を出すように言われてね〉と伝えたほうがいいだろうか」

（2）の点について、スプリント社のフェイ・デイビスは、こんな懸念を述べています。「人々は、議論の余地のある問題であっても複雑な問題であっても、受話器を取るよりメールを送りがちです」

つまり、Eメールに関する基本的なルールとしては、問題が微妙だったり議論の余地があったり強い感情を伴ったりする場合、すべての人に読んでもらいたいときを除き、送るべきではない、というのです。

公益科学センターの副所長・デニス・バスは、複雑な問題のやりとりにメールは適さないと考えています。「すでに2度、問い合わせの返信メールが来ている問題について、ほかの人からも似た返信メールが来たなら、それは電話会議を開くべきときなのですよ」

（3）の点については、複数の経営者が、メールであれば7回も8回もやりとりしなければできないだろう情報の交換が、電話ならわずか3分でできると述べています。

次に示す広報部長と営業担当者の架空のやりとりを、じっくり考えてみてください。じかに話したほうがいいでしょうか、それともメールでやりとりしたほうがいいでしょうか。どちらのほうが効率的でしょう？

部長――ポール、きみは明日のプレゼンテーションで発表することになっているはずだが、準備はできたのか。

営業担当者――バッチリです。

部長――われわれが話し合った人口学的情報については、どんな方法で発表するんだ？

営業担当者――スライドで十分でしょう。

部長――そうだな、報告書にも資料を添えておいたほうがいいじゃないか――最後のところに挟むだけでいいから。それなら、今からでも、そうたいへんではないだろう。

営業担当者――ええ、すぐにできます。すべて印刷して、挟んでおきます。

部長――頼んだよ。最終の草稿をメールで送ってくれるかね。

営業担当者――わかりました。部局会議が終わったらすぐにやります。2時にはお見せできるでしょう。

メールが煩わしいときは、手短に電話で話したり廊下でさっと言葉をかわしたほうが、最終的によい結果に結びつき、両者にとって好ましい状況が生まれるように思われます。

多くの企業トップが、メールがうってつけであるような単純明快な状況と、もっと複雑なやりとりが必要になる状況とをはっきり区別することが必要だと、あまりに力説するので、私はこの点を「仕事術の極意」と呼んでいます。

極意2――じかに話したほうがよいときはメールを使わない！

つまり、バランスを考えてメールを使いましょう、ということです。

メールでやりとりするべきか、じかに話すべきか、比較してよく考えてみてください。あなた自身のバランスを編み出しましょう。そうしたバランス感覚を持つことは、ひとつひとつの仕事にとってはもちろん効果的な管理にとって、きわめて重要なことなのです。

第3章

TO DOリストの極意

いつもTO DOに圧倒されていませんか？

ナポレオン・ヒルは、「実行すべきことを計画し、計画したことを実行しなさい」という著名な主張を唱えています。

これこそが、成功している企業トップの多くが従っている、すばらしいルールです。

そして、「計画」の段階では、効果的で実行可能な「TO DOリスト」を持つことがカギになります。

★――二万五〇〇〇ドルの「TO DOリスト」

20世紀初めにベスレヘム・スチール社を創設したチャールズ・シュワブのもとを、アイビー・リーという名の男が訪れました。

リーは、広報活動の分野における開拓者であり、やり手の商売人でもありました。そしてこう告げました。「ミスター・シュワブ、あなたに、時間管理のためのシンプルなテクニックを教えてあげましょう。3カ月間やってみてください。その後、そのテクニックに見合うと思うだけの小切手を、私のところへ送ってください。もし価値などみじんもないと思ったら、何も送ってくださらなくてけっこうです」

3カ月後、シュワブはリーのもとへ、二万五〇〇〇ドルの小切手を送りました。かなり昔のこととはいえ、二万五〇〇〇ドルはかなりの額です。それだけの価値のあるアイビー・リーのアイデアとは、どのようなものだったのでしょう？

実のところ、それは拍子抜けするほどシンプルな方法でした。

1　毎日、その日のうちに片づけるべき仕事を10ほどリストに書き出します。

2　優先順位の高いものから、1から10まで番号を振ります。

3　まず1番に取り組み、次に2番といった具合に、番号順に片づけていきます。

4　全部終えられなかったとしても、気にしないでください。優先順位の高い仕事が片づいているなら、あとのものはまた別の日にすればいいのです。

では、本論に戻ります。

トップたちは、自分に合った「TO DOリスト」を選ぶことで、効率よく仕事をこなせるようになっていますが、その点を見ていくことにしましょう。

★――「TO DOリスト」の3つのスタイル

仕事の能率を上げる点に関して、興味深い傾向があります。

企業トップたちは、どんな「TO DOリスト」が最も自分に合うかを見きわめることによって、基本的な能率を上げているのです。

極意3――自分に合うTO DOリストを見きわめる！

私が観察したところ、彼らのリストには大きく分けて3つのスタイルがあります。

1　日に一度、もしくは週に一度の周期で作られる、詳細なリスト。

2　刻々と変わる、マスターリスト――基本になるマスターリストをひとつ作り、これをおよそ1日ごとに、更新し、改訂し、書き直していくもの。

3　必要最小限のことだけを書いたリスト――2、3のポイントだけを、付箋やインデックスカードやレポート用紙に走り書きしたもの。

★――毎日作成する詳細リスト

このタイプのリストを使う人たちは、どこへでも持ち運べる紙のリストを使っています。エスティ・ローダーの会長レオナルド・A・ローダーのリストは、秘書のコンピュータのなかに収められています。

たとえば、後日電話をかけなおさなければならなくなったとします。すると、ローダーは秘書に、電話をかけるべき日のリストにそのことを加えるよう指示します。

秘書は毎日、その日の分のリストをプリントアウトします。そしてローダーは、リストに書かれた仕事に、時間の許すかぎり取り組みます。

また、博物館の理事マルシア・ゼリヴィッツは、興味深い、ちょっと変わった詳細なリストを編み出しています。

あらゆる仕事に対応するために、ゼリヴィッツは「TO DOリスト」を、自らが直接責任を負う9つのジャンルに分けています。そのジャンルとは、理事会、経営、建物、財政、資金、所蔵品および催し、マーケティングとPR、情報発信、目下進行中の拡大計画です。毎晩、退社する前に、ゼリヴィッツは机に積まれた書類を片づけます。そこにはメモもいっしょに積まれています。たとえば、電話中に相手に何かを頼まれたら、付箋にメモをし、「TO DOリスト」に加えます。自分の記憶力を信じたりは、けっしてしません。「スタッフにいつも頼んでいるんです。私がメモをとっていないことに気づいたら、注意してちょうだい、と。メモしておかなければ、きっと忘れてしまいますから」

また、ジャンル別に分けられた「明日のTO DOリスト」も作っています。そして、「スタッフ」の欄であれば、「学芸員と会って、重点的に取り組んでもらいたい2つの事柄について話し合うこと」などと書かれます。また、「理事会」の欄には、連絡をくれと念押しされた理事に忘れずに電話することがメモされたりします。

このリストを、彼女はコンピュータ上で作り、プリントアウトして、時間とともにどんどん新しいものにしていきます。外出するときは、システム手帳に挟んでいきます。リストを手放すことは、片時もありません。

「TO DOの上に2重線を引いて消せるときが、とても楽しいですね」そう言って、彼女はにっこり笑います。

系統だったリストを作るのに向いているのは、系統だてものごとに取り組める人。そういう人は、ちょっとした「するべきこと」をひとつひとつ整理・計画するという仕事を、無理なくすることができます。そのため、その人にとっては、1日ごとに時間管理をするという基本方針が、「TODO」を確実になしとげる手段になります。

★——更新型のマスター・リスト

これは、基本になるマスターリストをどんどん変えていく連続的なリストであり、作られるとすぐに、次から次へと「TODO」が加えられていきます。

1 「メモ用紙」を使う——今は亡きワシントン・ポストの社主、キャサリン・グラハムは、秘書に協力してもらい、相当な数のメモを集めて、マスターリストを作っていました。

「リストはインク壺に立てかけておきます。そうすると、とても役に立つんですよ」

アイデアや忘れてはいけないことを書いておくために、グラハムは、家中の電話という電話のそばや会社のデスクの上にメモ用紙を備えておき、何かあれば必ず書きとめていました。そうしたメモは1枚残らず秘書に手渡され、「TO DOリスト」に組み込まれました。態度を決めかねている事柄については、メモを机の左側にある「秘密のファイル」に入れておき、日をあらためてもう一度検討しました。

2 大きめのメモ帳を使う――人材ヘッドハンターをしているある女性は、「ウォールストリート・ジャーナル」誌で、次のように紹介されています。

「彼女は、目下関わっている仕事の詳細が書かれた、3ページにわたるレポート用紙を持ち歩いています。週に一度新しくされますが、そのレポート用紙には必要な名前や数字がすべて書かれています。

大ぶりのメモ帳も、彼女は持ち歩いています。これには、するべきことを書きとめたり、電話の内容をメモしたり、終わった仕事に〈済〉の印を付けたりします。このメモ帳のことを、彼女はこんなふうに言います。〈色気のないメモ帳だけど、どこでもすぐ見られるから、自分がしているすべてのことをつかんでおけるのよ〉」

3 マスターリストをひとつだけ作る――「TO DOリスト」に圧倒されるのを防ぐには、多岐にわたりがちなマスターリストを、「今」しなければならないことと「あとで」するべきことに分けておく必要があります。多忙きわまりない生活を制御するのに有効な、ただひとつのマスターリストの作り方を紹介しましょう。

思いついたことであれ電話であれプロジェクトであれこまごました職務であれ、予定に入ったらすぐに、ひとつのマスターリストに記録します（マスターリストは、紙かPDAかデスクトップ・コンピュータに作り、いつでも使えるようにしておきます）。

日に一度、マスターリストをチェックします。大きな仕事は管理しやすいよう、作業の段階を分けます。

毎日きちんと達成すべく、「TODO」を10個集めて1日分のリストを作り、重要な順に番号を振ります。報酬の高い「TODO」を、毎日、少なくともひとつ、リストに含めましょう。優先順位の高いものは、1日のうち最も能率の上がる時間にするよう、予定を組みます。

4 口述する——つねに時間に追われる、ニューヨークのあるアパレル会社の社長は、かけるべき電話やメモや実行すべきアイデアを、「TODOリスト」にどんどん書き込んでいきます。その一方で、終わった仕事には線を引いて消していきます。

1日の終わりに、彼は秘書に向かってリストを読み上げ、期日と優先順位を明確に伝えます。秘書はそれをもとに最新のリストを作り、毎朝彼の机の上に置きます。

5 インデックスカードを使う——医療機器メーカーのある部長は、インデックスカードを使って時間を管理しています。その方法を紹介しましょう。

彼は、「TODO」をひとつひとつインデックスカードに記入していきますが、期日や必要と思われる時間もあわせて書いておきます。たとえば、「3つの提案について検討のこと。期日は8月。2時間ほどかかるだろう」といった具合です。

毎朝、彼は大量のカードから6枚を取り出します。優先順位の高いものを2、3枚。残りは、並みの重要度のものです。優先順位の高いものは、活力あふれる朝のうちに取り組むようにします。午後4時ごろ、「TODO」のうちできるものはすべて終え、できなかったものは後日また取り組むためカードに記入します。

6 「TO DOリスト」をもとに、備忘録ファイルを作る──ジョンソン・エンド・ジョンソンの先の副社長、ナンシー・L・レーンは、TODOを日付順に管理しています。

まず、「TODO」を「実行する日」を年間計画表に記入し、具体的な内容をスケジュール帳に書き入れます。次いで、参考資料をすべて、その仕事をする日の備忘録ファイルに綴じ込みます。

もし状況が変わってその仕事ができなくなった場合は、予定を組みなおして、資料を別の日のファイルに入れれば、それで済みます。

7 心にあるものを放り出す──デビット・アレンは著書のなかで、週に一度「TODOリスト」を作るおもしろい方法を述べています。

その方法を、彼は「紙の上に、心にあるものを放り出す」と呼んでいます。

まず、レポート用紙かＰＤＡに、心に浮かんだ、するべき仕事や目標やしたいと思っていることをすべて書き出します。次いで、それらを内容によって２つに分けます。ひとつは、誰かに委託することができる、あるいは委託すべきこと。もうひとつは、自分でしなければならないことです。

それぞれの事柄について、翌週に自分もしくは委託した人がしなければならないことと、取りかかるべきときをメモします。そして、このリストを毎日チェックします。「心にあるものを放り出す」のは、週の最後の勤務時間か日曜日の晩がよいでしょう。翌週のことをしっかり見すえられますから。

★――もっとも簡単なリスト

おもしろいことに、また意外なことに、かなりの数の経営トップが極端に簡潔な「ＴＯＤＯリスト」を使っています。

ある凄腕のヘッドハンターは、毎日出社する前に、「最優先のＴＯＤＯ」を簡単なリストに書きとめます。その日しようと思っている最も重要な仕事を、５つか６つ書くのです。

ＳＥＣ委員長を務めたアーサー・リービットの方法は、さらに簡潔です。何かするべき仕事ができたら、１日中持ち歩いている「スケジュール・カード」にその仕事をメモするだけ。オフィスに戻ると、秘書といっしょにメモをチェックし、すぐに実行します。

しかしながら、そのあまりの簡潔さゆえに、問わずにいられない疑問が浮かびます。わずかな「記憶のヒント」をカードやレポート用紙に書くだけで、彼らはいったいどのようにして、大きな責任をきちんと果たしているのでしょう?

この疑問に対しては、たいへん興味深い答えがあります。

しかし、恐ろしく短くて、大ざっぱであることもめずらしくないトップたちのリストが意味するところについては、今は触れずにおきましょう。13章で彼らの時間管理法を紹介するときに、あらためてお話したいと思います。

第4章 スケジュールの極意

スケジュールの確認を怠っていませんか？

企業トップにとって、スケジュール表はたんなる予定表以上のものです。

それは「行動の中核」であり、時間を支配するのに不可欠な、きわめて重要な能率アップのための道具といえます。メモや情報がびっしり書かれたスケジュール表は、その日1日をきちんと進んでいくための、道案内用の地図なのです。

時間管理におけるトップたちの個性は、ほかのどの点よりも、このスケジュール表の選択や活用法に表れます。

しかし私は、トップたちに共通する重要な点を見つけました。書類仕事をしたり電話をかけたりするのと同様、トップたちは実に整然と日々スケジュール表を使っているのです。

極意4――スケジュール表は、日々徹底して活用する！

その徹底した活用ぶりは、みなさんもたやすく見習うことができます。活用の過程は、次の4つの部分に分けられます。

1 自分にとって最も効果的なスケジュール表を選ぶ。
2 進捗管理すべきことや流動的な情報はすべて、出てきたらすぐに記入する。
3 スケジュール表を、毎日きちんとチェックする。
4 スケジュール表に書かれているありとあらゆることをもとに行動する。

スケジュール表がその機能を果たしているなら、あなたは以上の4つの過程をきちんと実行する必要があります。ただ、効果的に実行するには、自分に合ったスタイルを選ぶことが重要になります。まずはその点から見ていくことにしましょう。

★——自分に合ったスケジュール表を選ぶ

次の質問に答えてみてください。

1 **今あなたが関わっているのは、長期にわたるプロジェクトですか？**——もしそうなら、フランクリン社のシステム手帳のような、手書きで記入するスケジュール表を使うとよいでしょう。持ち運ぶのに少し重いかもしれませんが、これなら、都合のよいところにゆったりメモをとることができて、複数のするべきことや優先事項についてチェックしつづけることもできます。また、今たずさわっているすべてのことについて、たった1冊の手帳を見るだけで、つぶさに確認することもできます。

2 **方針決定することが比較的多く、あちこち飛びまわって仕事をしていますか？**——その場合は、デイタイマーの手帳やＰＤＡのような、軽くて持ち運びやすいスケジュール表を選ぶとよいでしょう。

3 **スケジュールが過密で、リアルタイムで予定を決定する必要がありますか？**——もしそうなら、持ち運びに便利なＰＤＡを選ぶのが、いちばんいいでしょう。

自分にとって最も効果的なスケジュール表を選ぶのがいっそうたやすくなるよう、次頁の質問表に記入してみてください。

ＹＥＳの列に３つ以上チェックが入った場合はシンプルな「１週間分」のスケジュール帳とは対照的に、情報満載のスケジュール表がいちばん適しているでしょう。

★——2タイプのスケジュール表

企業トップの時間管理法を調べはじめたころ私は、その複雑なスケジュールを管理するために、彼らが何か特別なスケジュール表を使っているのではと考えていました。

しかし、そうではありませんでした。トップの多くは、仕事のスタイルや性分に応じて、オーソドックスな２つのタイプのうちいずれかを使っていたのです。

どちらのタイプも、すばらしいものです。本書を読みながら、直観的に自分に合っていると感じたほうを、ぜひ使ってみてください。

率直なところ驚いたのですが、多くの企業トップが、昔ながらの手段のほうを選ぶ傾向にあります。

★――シンプルで実用的なスケジュール表

エスティ・ローダー社の先の副会長ジャネット・ワグナーは、秘書によって用意された青色のスケジュール・カードを持ち歩いています。彼女はこのカードを経費管理にも使っていて、タクシー代やランチ代、その他の支出を書きとめます。そして、オフィスに戻ると、領収書をホッチキスでカードに留めて、処理をするよう秘書に手渡します。

エスティ・ローダー社の会長、レオナルド・A・ローダーは、ちょっと変わった方法を用いています。彼の秘書は、日々のスケジュール表を縮小してプリントアウトし、机の上の写真立てに差し入れます。そうすると、1日中いやでも目に触れるため、きちんと予定をこなしやすくなります。外出するときは、それとは別のコピーを持っていきます。

こうしたフルタイムで働いてくれる秘書がいなくて、それでもただ1枚の「カード」式の予定表を使いたい場合は、机の上にいつも置いているスケジュール表とあわせて、外出用にインデックスカードを用いると、つねに予定を把握しておくことができるでしょう。

表1　自分に合ったスケジュール表を選ぶ

スケジュール表に、どんな事柄を記入しますか？
あるいは、記入する予定ですか？

記入する事柄	YES	NO	NOと答えた場合、どこに記入しますか（ボイスメール用のノートなど）
進捗管理すべきこと			
上司を交えた会議でのメモや、そのときに生じたTO-DO			
その他の会議でのメモや、そのときに生じたTODO			
TO DOリスト			
誰かに委託したTO DO			
ボイスメールに録音されていたメッセージのリスト			
短期的目標			
長期的目標			
住所と電話番号			
誕生日、記念日、部下の記念日、カードやプレゼントを贈る日			

★――情報満載のスケジュール表

次に、対照的なスケジュール表を見ていきましょう。

こうしたスケジュール表は本格的で、１冊のノートかＰＤＡかのどちらかに、生活のすべてが記入されています。

毎日の予定をスムーズにこなすための道具として情報満載のスケジュール帳を使うというアイデアが生まれたのは、ファイロファックスやデイタイマーや、至るところで目にするフランクリン社のプランナーなどのシステム手帳を人々が一斉に使い出した、１９８０年代のことでした。以後、そのアイデアは、ＰＤＡその他のデジタル製品のなかにも取り入れられるようになっています。

こうした情報満載のスケジュール表を、トップはどのように使っているのでしょうか。

シグナ社のある部長は、毎日順調に行動できているのは、情報満載のスケジュール表があるからにほかならないと述べています。そこには、人に会う約束だけでなく、電話番号やボイスメールのリストや、進行中のプロジェクトに関することも書かれています。

また、ある企業の会長は、１ページのなかに、約束とするべき仕事と記憶を呼びさますためのメモを書き込んでいます。彼は手帳にありとあらゆることを書き込みます。工場の責任者によって提示された、経過を見守りたい問題なども、例外ではありません。

もし長期的目標を含めたあらゆることを、すぐに見て確かめられるようひとつの場所にまとめておきたいなら、情報を満載できるタイプのスケジュール表を選ぶとよいでしょう。

★――手書きにするか、ＰＤＡにするか

紙の手帳を使うか、それともパームなどのＰＤＡを使うかは、トップたちのあいだで意見が分かれます。

まず必要なのは、どちらを使ったほうが職務をきちんと果たせるかをよく知ること。

紙の手帳のほうを好んで使う博物館の理事マルシア・セリヴィッツはこう言います。

「私は目で見てきちんと確かめます。正しく書いたことを確認したいんです。そうやって私は職務を果たします。ＰＤＡを使うことは、この先もたぶんないでしょうね」

彼女いわく、器用にキーボードを打つ人と会う約束をしたものの、日時が誤って入力されていることが少なくないそうです。

また、ポケモンＵＳＡの社長、アキラ・チバは、ポケットサイズの紙の手帳を愛用しています。そして、人と会う約束だけでなく、進捗管理すべき事柄や電話番号や会議中のメモなども書き込みます。彼はＰＤＡを持ってさえいません。

一方、医療施設の院長と開業医という2足のわらじを履くドクター・ジュリー・フラッグは、パームを愛用しています。複数の責任を果たすには、「すべてをひとまとめにしておく道具」がきわめて重要なのです。彼女は次のような情報をパームに入れています。

1 住所録
2 進行中の仕事のリスト
3 今日中に電話をかけるべき相手のリスト
4 「聞きたいこと」
5 「言いたいこと」（ここには、所定のキーを押せば、その人に言いたいことが見られます）
6 治療上の経過記録（糖尿病を患う妊婦を診ている場合など、経過を見るべき治療上の記録がここに記されます）
7 「次にすべきこと」のリスト（たとえば、部局会議のあとに何かをすることになっていたら、それをここに記入します）

PDAを使うべきかどうか決めかねているなら、よく考えて、次の簡単な質問表に答えてみてください。

どちらのスタイルを選ぶとしても、効果的な時間管理と効率にとって大切なのは、無理

表2　手書きの手帳か、PDAか

手書きの手帳か、ＰＤＡか

	YES	NO	
人と会う約束のリストに関して、付け加える情報がほとんどない、あるいはまったくない。			どちらを使ってもかまいません。ただ、PDAのほうが、使いやすく保存もしやすいでしょう。
予定を立てるとき、ほかの予定と調整しなければならないことが多い。			答えがYesなら、PDAのほうが断然よいでしょう。
スケジュール以外に、さまざまな情報を記入する。			答えがYesなら、手書きの手帳を選んだほうがよいでしょう。
グラフィティその他を使いこなせる。			答えがNoなら、手書きの手帳を使ったほうがよいでしょう。 答えがYesなら、PDAを使うと仕事がはかどるでしょう。

なくスムーズに必要な情報を得て、それをさっと使える、という点です。

しかしながら、トップたちも述べていることですが、こうしたシンプルな道具をうまく役立てられるか否かは、日頃からものごとを体系的に処理できているかどうかにかかっています。

これは、仕事を滞りなく進め、するべき仕事をすべてなしとげるのに欠かすことができません。

進捗管理その他のことを軽んじていると、最後には、とんでもない量の仕事を抱えることになり、窮地に追い込まれることになるのです。

第5章

メモの極意

思いついたアイデアのメモはどこ?

期待以上に時間を節約させてくれる道具だと多くのトップが称賛するのは、考えや情報を何の脈絡もなしに書く、ごくふつうのノートです。

これは、するべき仕事も書かれたりしますが、「TODOリスト」ではありません。

また、あとでスケジュール表に転記されることがありますが、スケジュール表でもありません。

★——あらゆる情報を収納する「雑記帳」

つまるところ、これは、「心にあるものを放り出す」ためのものです。ちょっとした情報を全部集めておく、たったひとつの収納庫なのです。

そうした情報は、私たちなら、黄色い付箋を貼ったり封筒に走り書きしたりします。しかし、トップたちは、1冊のノートを使っています。私が「雑記帳」と呼ぶ、専用の1冊のノートのなかに、彼らはありとあらゆる情報をどんどん書き込んでいくのです。

極意5――あらゆる情報は1冊のノートに収める！

使い方は、人によってさまざまです。

ただ単に電話番号や記憶を呼びさますヒントを書く人もいますし、考えを記すためのノートとして使い、将来の可能性を書いたりする人もいます。

ある人は、こう述べています。「私は電話のそばにノートを1冊置いています。そして、毎朝新しいページに日付を書いて、終業時間までずっと、あらゆる意見や要望や記憶を呼びさますためのヒントや住所や電話番号などを、簡単に書きとめておきます。対処し終わったら、メモの横に小さく日付を書いて、2重線を引きます」

実際、このノートに救われたことが、幾度なくあったそうです。

ロサンゼルス警察署の署長は、「雑記帳」に関して工夫を凝らしています。

彼は1日中、街を飛びまわって、広範囲にわたるロサンゼルス警察の各支部を訪れます。その際、管区のトップに調べてほしいと頼まれた問題や、電話番号などを確実に記録するために、小さなメモ帳を持ち歩いて、そうした事柄を書きとめておきます。まちがっても、記憶を頼りにすることはありません。

彼は不安そうな顔になってこう述べました。「1冊のメモ帳を持つというやり方を身につけなければ、私の仕事はまったくはかどりません。実際、このやり方を得意とする人は、大勢いますよ」

署に戻ると、メモを分類します。そして、重要でないものは捨て、残しておくべきものは、机の上に置いてあるらせん綴じのノートに書き写します。

彼は、メモに記されたTODOや優先事項はどんなものでもすぐに実行します。また、数日後にふたたび必要になる電話番号や会話の簡単な記録は、手近なところに置いておきます。彼は、メモ帳が貴重な参考資料であり、記憶を呼びさます道具であることを、よく知っているのです。

ヴァージンアトランティック航空の創業者リチャード・ブランソン会長も、愛用の仕事道具のひとつとしてノートをあげています。長い年月のあいだに書きためた黒いノートは、実に一二二冊。「メモに書きとめようとしない人を見ると、わが目を疑います。そういう人は、あらゆることを覚えておこうという姿勢を持っていないのです」と彼は言います。

彼は、自社機に乗って移動するときも、改善したいと思うところをメモします。背もたれがきちんと倒れない座席がある、車いすの乗客を介助するまでにあまりにも時間がかかりすぎている、といった具合です。

ほかに、便箋くらいの大きさの、らせん綴じされた、電話番号リスト付きのノートを持ち歩く女性経営者もいます。このノートに記入するとき、彼女は色つきの蛍光ペンを使います。するべき仕事には赤色、人と会う約束には黄色、家族のことには緑色、といった具合です。そうすると、あとでチェックするときに、確認がしやすいのです。

彼女は、およそ1カ月に1冊、ノートを使います。このシンプルな方法を用いると、日付順に、簡単な日記をつけるような感じで、あらゆることを書きとめることができます。また、紙の切れ端にメモや電話番号を走り書きすることも、ほとんどせずにすみます。

私の担当の編集者は、ノートを書くときは、義務的にしなければならないことと、もっと重要なこととを分けると重宝すると述べています。

「右のページには、するべき仕事を全部書いておきます。本のカバー用の宣伝文句を考えることから、上司にメールを打つことまで、ありとあらゆることを書きます。

左のページには、電話や会議でのメモを書きとめます。

こうすると、重要な情報ともっと日常的な仕事とを1冊のノートのなかに記録しながら、書くページによって分けておくことができるんです」

トップのなかには、思い浮かんだアイデアや考えを1冊のノートに書きとめておく人もいます。マーサ・スチュアートは、「ビジネス2.0」誌でこう述べています。

「直観的にひらめいた考えを、私は絶対に打ち捨ててはおきません。移動するときは必ず青色のノートをかばんに入れます。1月に1冊のペースで使いますね。いろいろ考えを書き込んでいきますが、ノートを捨てることはありません」

また、ある人材スカウト会社の前社長は、ベッドサイドにノートを置いて、夜中にひらめいた考えをかたっぱしから書いています。しかし、そうした考えの多くは追求する価値のないものだと、彼は言います。「夜中の3時に書いたことのうち、実際にやってみる価値があるのは、30パーセントくらいなんですよ」

悪くない数字だ、と私は思いますけど！

★――インデックスカードを使う

さまざまなことを書きとめるための道具として、インデックスカードが選ばれる場合もあります。

ある女性作家は、カードをアイデアとひらめきの宝庫として大いに役立てています。

「耐えがたいのは、すばらしい考えがひらめいたのに、それを忘れてしまうことです」

と述べる彼女は、家のいたるところにインデックスカードとペンを置いています。外出するときも、カードとペンを必ずポケットに入れて、思いついたことや気づいたことを逃さないようにしています。

「本や記事を書いているときも同じです。あとで役に立ちそうなアイデアやイメージが浮かんだら、カードに書きとめて、草稿のそのページにクリップで留めておきます」

そして、ペンが進まなくなったら、留めておいたカードを見返して、ヒントを探します。

「リストを作るのは悪くありませんし、メモをとるのもいいことです。でも、インデックスカードは、その両方の役割を果たしてくれるのです。」

★──アイデア専用のファイルを使う

ファイルの使い方を説明するために、博物館の理事マルシア・セルヴィッツの例をあげましょう。彼女は、博物館として新たに顧問機関を設けたときのことを話してくれました。

最初の会議は、映画館の観客席のように座席を並べて行われましたが、そのとき出席者の何人がこう言ったそうです。「次回は、テーブルを囲んで互いの顔を見られるようにすわったら、もっと有意義な会議になるんじゃないでしょうか」

そこで彼女はその提案をレポート用紙に書きとめ、ファイルに綴じておきました。

「あらゆる人のあらゆる提案を実行に移すことはできません」と彼女は注意を促します。それでも、彼女は定期的にファイルをチェックしなおして、斬新かつ実行できそうな考えがあれば採用しようと、努力をつづけています。

★――レコーダーを活用する

録音という手段を使える人々によって、ノートに代わる「テクノロジー」として広く使われているのは、口述です。

覚えておくべきことやするべき仕事を小さなテープレコーダーに録音し、情報をきちんと記録にとどめるようにします。テープレコーダーはどこへ行くにも持ち歩き、あとで秘書に指示して文字に起こさせます。

しかしながら、まだしばらくのあいだは、ペンとノートという昔ながらの道具が、考えやちょっとした情報やアイデアを逃さずにおくために選ばれるでしょう。

なかには、「ふしぎな力を持つペン」を使う人もいます。

ある人はこんな話をしていました。実は特別な万年筆を使っている。どういうわけか、ほかのどんな筆記用具を使うときより、その万年筆を使っているときのほうが、アイデアや深い考えがよどみなくわき出てくるようなのだ、と。

あるとき、その万年筆をどこに置いたかわからなくなってしまって、彼は1週間のあいだオロオロして過ごしました。

幸い、万年筆は見つかり、彼にとってなにものにも代えがたいものになっています。

トップたちから学ぶべき教訓は、自分にとって頼りになる「雑記帳」の使い方を工夫すべきだということです。ありとあらゆることを記憶して、あとでチェックしなおすなんて、誰にもできるはずはないのですから。

第6章 電話の極意

電話の折り返しを億劫がっていませんか？

ガネット社のCEO、ジョン・カーリーは、出世の階段を上れば上るほど、社員への電話は増えて、社員からかかってくることはなくなっていくようだ、と述べています。

彼は、その昔、まだガネット社所有の一新聞社で地方記事を書いていたころに、先のCEOの部屋を訪ねたときのことを話してくれました。

驚いたことに、カーリーが部屋にいるあいだ、CEOの電話は一度も鳴らなかったそうです――そうしているあいだにも、カーリーの電話は何度も鳴って、机の上には伝言が最低でも5件から7件積まれていたはずだったのですが。

たしかに、出世の階段を上れば上るほど、部下が他愛のないおしゃべりのために電話をかけてくることは減ります。

それでも、電話が人とやりとりするための強力な道具であることはまちがいありません。

★——戦略的な電話の使い方

Eメールが主流であると思われる時代において、一流のトップはどのようにして電話を戦略的に使っているのか、私はとても興味を惹かれました。

そこで、あらゆるレベルのビジネスパーソンが使えるようなヒントを与えてもらえないか、確かめてみることにしました。

私は何人かのトップに、こんな質問を投げかけました。「濃霧のために、2時間のあいだ空港に閉じ込められることになったとします。手元に持っておきたいと思う道具をひとつだけあげるとすれば、それは何ですか」

誰に尋ねても、答えは「携帯電話」でした。

私が取材した全員が、職務を効率よく果たすのに重要なものとしてあげた道具はただひとつ。それは、コンピュータでもPDAでもなく、電話だったのです。

先に述べたとおり、電話で直接やりとりすると、メールでは得られない大量の情報を受け取ることができます。ニュアンスの違いや感情も読み取れます。質問したり吟味したり学んだりもできます。電話を上手に使えば、膨大な量の情報を手に入れられるのです。

トップたちはどのように「電話を活用している」のでしょう。答えを探るなかで、カギとなる戦略が2つ見えてきました。ひとつは、「必ず電話をかけなおす」。もうひとつは「ボイスメールを活用する」という戦略です。

★――24時間以内に必ずかけなおす

大半のトップは、自分でするにしろ代わりの誰かにしてもらうにしろ、24時間以内に、遅くとも48時間以内に電話をかけなおさないと、我慢がなりません。

これは、深く刻み込まれた特性であり、意思決定の責務を縮図的に示しています。しかし、電話をかけなおすことにこだわる姿勢は、彼らがトップに上りつめた理由のひとつでもあります。というのも、それは彼らが信頼に足る人物だと意味するからです。

先のSEC委員長アーサー・リービットは、電話をかけてきた相手には、24時間以内に必ずかけなおすことにしています。相手が誰であっても、たとえ面識のない相手であっても、です。彼は好奇心が旺盛です。そして、人と話をすることで、時代の流れや人々が関心を持っていることをつかみます。

またある企業の副社長は、売り込みの電話に対してさえ、自分でかけなおしたり、あるいは秘書にかけなおさせたりします。彼は「人間関係の哲学」とでもいうべきものを持っています。つまり、「投資したものが返ってくる」というわけです。

電話をかけなおさなければならないという義務感は、ほぼすべてのトップがきわめて強く覚えているため、この姿勢は効率よく仕事をするための鉄則であるといえます。

極意6——電話はすべて24時間以内にかけなおす！

具体的な戦略をいくつか紹介しましょう。

ある有名人たちのPRエージェントは、45年のあいだ1度も電話をかけなおし忘れたことがありません。その作戦は次のようなものです。

昼間に、彼は1日平均一〇〇件の電話を受けますが、そのリストを秘書がプリントアウトします。夜になると、彼はリストを家に持って帰り、優先度の高い順に赤、黄、緑で色分けします。そしてその順番どおりにかけなおします。

また、電話をかけなおすことを秘書や部下に任せるのも、相手にいち早く連絡するためにトップたちが持っている、重要なスキルのひとつです。例をいくつか見てみましょう。

カレッジ・ボード（大学入試センター）のCEOは、たいていの場合、電話はその日のうちにかけなおします。

けれども、あまりに忙しいときは、秘書にかけさせ、「来週、ＣＥＯから必ずお電話いたします」というメッセージを伝えさせます。

こう話す女性社長もいます。「よく知らない人や優先度の低い人からの電話については、秘書や部下に委ね、その後の経過に目を配っておくように頼みます」

また大手出版社の編集長は、ある作者の作品を部下に任せるとき、その部下が折り返し電話をし、つねに「その作品に関わっている」ことを、作者とともに確かめていました。

★――時間のないときはボイスメール

秘書がいなくて、電話をかけたりかけなおしたりするのを手伝ってもらえない場合は、ボイスメールを使うとよいでしょう。

相手が出張中、あるいはランチに出ているとわかっているときには、とくに有効です。

また、折り返し電話をかけたり、あまり時間がないときに余計なおしゃべりに付き合わされることなく重要な情報を伝えたりする場合にも、適した方法といえます。

その際、メッセージは簡潔明瞭にしなければなりません。

ＴＲＡＦシステムを使うと、効率よく、さらには効果的に、ボイスメールを使うことができます。その方法は次のとおりです。

T（ゴミにする）……削除する。

R（委託する）……転送する。顧客の要望を部下に伝えて回答させる、など。

A（すぐに自分で実行する）……すぐに行動を起こす。いちばん多いのは、電話をかけなおすことでしょう。しかし、何らかの情報をネットで調べるといった、別の行動にせまられる場合もあるかもしれません。

F（ファイルに挟んでおく）……保存する。たとえば、契約の重要な条項について要点がボイスメールで述べられていて、しかしまだその書類ができていない場合、保存し、プリントアウトして、比較する必要があります。

あと2つ、有効な方法を紹介しましょう。

まず、後回しにしたり、いちいちバックアップをとったりするのを避けるため、ボイスメールのメッセージは一度だけ聞くこと。聞いたら、ただちにＴＲＡＦを行うこと。ボイスメール・システムにはたいてい、早送りしてメッセージを聞く機能がついています。この機能を使うと、時間を大いに節約することができます。

もうひとつは、絶対に失敗しないためのいくつかの作戦です。

まず、1日の業務をこなしつつ、ボイスメールで送られてきたメッセージを「専用の」ノートに書きとめていきます。そして、できるだけその日のうちに、仕事のあい間を使って、電話をかけたりEメールを送ったりします。

あるいは、メッセージの山を、「できるだけ早く連絡すべきもの」と「営業時間外でもよいもの」の2つに分類することで、「24時間以内に電話をかけなおす」というルールを守りやすくします。営業時間後にかける電話は、メッセージを残すだけになり、簡潔で的を絞ったものになることが多くなります。

また、あるCEOは、自分が送るボイスメールについて、こんな約束をしました。「あなたのメッセージには、次の日までに返事をしよう。できないときは、部下に、私の答えか、でなければ私が直接電話をかけられる日時を伝えさせよう」

こうした約束を実行することがどれほど重要かは、いうまでもないでしょう。

もしすぐに対応しなかったら、あなたに対する信頼が損なわれるだけでなく、あなたは、相手に迷惑をかけたり仕事の流れを妨げたりしてしまうことになるのです。

第7章 時間を生み出すための極意

日常の業務に時間を奪われていませんか？

ある管理職の人が私に言いました。

「まったく、効率よく1日を過ごせたためしがありません。どうしたらいいのかわかりませんよ。やらなければいけないことが多すぎるんです」

そう言いたくなる気持ちはわかります。

しかし、私の心に広がったのは、次のような疑問でした。

出世階段を上りつめた人たちも、「どうしたらいいのかわからなく」なるのだろうか。彼らはどう効率よく1日を過ごしているのだろう。ムダのないトップの1日とはどんなものなのか。あらゆるレベルの管理者は、トップたちから何を学ぶことができるだろう。

実は、多くの企業トップは、目を見はるような手段を講じて、独自のムダのない1日の過ごし方を見つけているのです。

★──トップたちはどう時間をやりくりしているのか

平均的な管理職の人に、ムダのない1日とはどんなものだと思うか尋ねたら、きっと多くの人がこう答えるでしょう。

「今よりはるかに1日を思いどおりにできるはずだ。9時にはこれこれのことをし、10時にはこれこれのことをする、といった具合に」

「1日中オフィスのドアを閉めて、今より多くのことを片づけられるようになるだろう」

1日を思いどおりにできればムダなく毎日を過ごせると夢見て、多くの人が、出世階段を上りつめた人たちは実際にそうした日々を過ごしているにちがいないと考えています。

しかしここにも、驚かされることがあります。

トップたちは、時間は振り替えのきくものだと考えています。

そして、時間を支配するのではなく、1日中予定が変わりつづけてなお達成できることを、意識的に支配しようとしているのです。

トップたちは、ムダのない1日について私たちが考えをどう変えればいいかを教えてくれます。彼らの考え方は、本質的に、多くの管理職のそれとは正反対なのです。

仕事をする日のトップたちの活力は、次の要素が組み合わさって生み出されます。

1 **「自分だけの」時間を確保する**——個人的な生産性にとって不可欠な、「最も能率の上がる時間」を確保すること。

2 **会議や約束の予定を立てる**——1日中、どれほど予定が変わりやすかろうと、「最も能率の上がる時間」を除いた部分については、骨組みとなる予定を定めること。

3 **自由に使える時間を設けること**——1日のなかにとくに予定を定めない時間を設けるようにすると、その時間を、ネガティブで余計なものではなく、ポジティブで活力をみなぎらせてくれるものとして認識できるようになる。

★——自分だけの時間を確保する7つの戦略

あなたは、優先すべき仕事をするのにふさわしい時間を持っていますか。
これは是が非でも必要な時間です。
多くの人は午前中を忙しく過ごしますが、午後がいちばん仕事がはかどる人もいます。

いずれにしても、手腕の問われる仕事は、その必要性に見合うよう、自分のベストの時間に組み入れなければなりません。

1　早朝または深夜の、「静かな時間」を活用する――ウォルト・ディズニー社のロバート・アイガー社長は、午前4時に起床し、6時までスポーツクラブに行きます。それから出社し、7時に行われる最初の会議まで読書をします。

「人にはそれぞれ自分のリズムがあると思いますよ」と彼は言います。「私の場合は、朝がいちばんですね。あまりイライラしないでいられます」

エスティ・ローダー社の先の副会長ジャネット・ワグナーは、こう述べています。

「社員の問題や、ゼネラルマネージャーたちの会議に影響のある問題が起きた場合、私はそれを解決するために、週末の、何の邪魔も入らない自分の個人的な時間を充てることがあります。ときには、早朝の時間を充てることもあります」

午前3時が最も創造的な時間になることもあります。

「睡眠時間はそれほどなくていいんです。よく、真夜中に目を覚まして、レポート用紙を取り出します。今浮かんだこのアイデアを書きとめておかなくちゃ、と思うんです。そのおかげで、もしかしたら厄介なことになっていたかもしれない問題を解決したり、プロジェクトの大枠を考えたりできることがあるんですよ」

朝5時に起きるなんて、とうてい無理だ、と思うかもしれません。しかし、もしいつも6時半に起きているなら、30分早く、次いで1時間早く起きるようにしてみてください。たいていの場合、多大な代償を払うことなく睡眠時間を削れることがわかるはずです。それどころか、さほど必死にならなくても以前より仕事がはかどるなど、とてつもなく大きな見返りを得ることができるでしょう。

2

移動時間を活用する——ある企業の社長は、朝の通勤時間についてこう述べています。「私は朝、とても精力的に仕事をこなします。電車に乗っているあいだに、書類仕事を全部やり終えてしまうんです。1時間20分くらいあるので、ちょうどいいですね」

実際、多くの人は、通勤手段として、車ではなく電車やバスを選べるはずです。電車のなかで集中して仕事に取り組むことによって得られる生産性は、便利さや自由さの点で何を手放すことになろうと、それと引き替えにするだけの価値のあるものです。ぜひ一度、考えてみてください。

3

姿をくらます——日中、出入りが自由にできるなら、つまり、席に着いていなくても上司からとがめられないなら、誰もいない会議室に入って、姿をくらましましょう。あるいは、会社の近辺を歩いたり、読みものを持ってカフェへ行ったりしてください。

ゼネラル・フーズ社のある部長は、1日に1時間ほど、隣の空いているオフィスへ雲隠れしていました。窓はすりガラスになっていて、彼がなかにいることは誰にも見えませんでした。

また、ニューヨーク在住のある弁護士は、あいさつだけ済ませると、隣のエレベーターで1階に下り、角のコーヒーショップへ入って、1時間ほど姿を消します。

4 上司と交渉する——姿をくらますという手段が現実的でない場合は、上司と交渉して、「静かな時間」を確保するとよいでしょう。

上司の立場からすると、一定の時間を与えることで、部下が優先すべきことに精力を傾けるようになる、という利点があります。

5 ドアを閉める——多くの企業が「門戸開放」主義をとっており、ドアを閉めると眉をひそめられてしまいます。

しかし、あるテレビ局のマネージャーは、両方をとっています。彼はオフィスのドアに、ホワイトボードとマーカーを取りつけています。ドアが閉まっていれば、彼に会いたいと思ってやってきた人は誰であれ、ホワイトボードにメモを記します。

この方法はうまく機能しています。というのも、このマネージャーは手が空いたらすぐさまメモを残した人々に連絡をとるため、人々は何度も出向かなくてもじきに話ができることがわかっているのです。

しかし、くどいようですが、メモを残した人に対してはあとからきちんと連絡しなければなりません。ドアを閉めるのはもっぱら、あなたの「静かな時間」をあなたと仕事仲間にとってうまく機能させるためなのです。

6 上司として、「部下に邪魔されない時間」を要求する

――拙著『朝9時から11時まではは部下の話を聞くのはやめなさい！』（中経出版）で紹介したある弁護士は、事務所の人々に次のような要求を伝えました。

「さまざまに考えをめぐらせ、また非生産的な日々をくり返してきた末に、私はこう思うに至った。私の仕事にとってどうしても必要なのは、〈何ものにも邪魔されない時間〉を確保することだ、と。その時間があれば、私は、電話にも訪問客にも会議にも邪魔されることなく、重要な仕事を片づけることができるだろう。

そこで、時間をもっと効果的かつ生産的に使えるよう、私は朝7時半から9時までを、〈何ものにも邪魔をされない時間〉としたい。そして、そのために、能力や知性や協力といった点において、きみたちの全面的な支持をお願いしたい」

7 ランチタイムより1時間早くオフィスを出る――多くのレストランは、みなさんが少し早く（たとえば11時半ごろ）来店し、静かにすわって仕事をしていても、とがめることはありません。

誰にも邪魔されない時間を要求するのは、気が進みませんか。とくに支障なくそうした要求ができる場合でも、多くの人が気が進まないと言います。顧客や同僚に不自由な思いをさせることに、罪悪感を覚えるというのです。もしそうした懸念を抱いているなら、次の2つの点を考えると、状況を再考しやすくなるでしょう。

1 ともに働く仲間や顧客の立場に立ってみてください。あなたにはつねに細心の注意を払っていてもらいたいと思いませんか。誰にも邪魔されない時間を確保できれば、注意力が散漫になることはありません。気を散らすものがあって自分だけの時間がまったくとれない場合、どんなことが起こるか、あなたはよく知っているはずです。

2 あなたが会議に出ているとき、顧客も同僚もあなたと連絡をとることはできません。

誰にも邪魔されない時間のことを、自分自身に関する重要な会議に出席しているのだと考えてはどうでしょう。

それは、何らかの仕事をしているのと同じ時間の使い方をしていることになるのではないでしょうか。

★──予定は変わるものと受け入れる

「1日のはじめに、いつ何をするか計画を立てます。でも、すぐに、思いがけず誰かが訪ねてきたり問題が起きたりして、計画がダメになってしまうんです。いったいどうすれば、自分の時間をもっとうまく管理できるようになるでしょう？」

次から次へと何かが起きるという状況には、およそ誰もがうんざりしています。

ある証券会社の顧客担当の管理者は、こんなことを言っていました。

「ほんとうにたいへんなんです。するべきことは山積みだし、顧客からは問い合わせの電話がかかってくるし、メールも次々入ってくるしで、そのたびにどんどん予定が変わっていきます。1日が終わるとき、机の上はきれいに片づくどころか、朝より多くの書類が積まれていますよ」

しっかり練られた計画も、ぜひともしなければと思っていたことも、一瞬でふいになっってしまいかねません。

けれども、ほかの人からの連絡は否応なしに起きる現実として受け入れてしまいましょう。追い払おうと思わなくなると、それらをうまく処理し、調節し、解決策を見出し、巧みに取り入れて仕事ができるようになります。

絶えず変わる1日の予定を、秩序だった効率のよいものにする解決策を紹介しましょう。

★――時間を生み出すための下準備

みなさんは、絶えず変わる1日の予定をどのように「計画」していますか。

多くの人にとって、「計画された時間」というのは、自分が支配する時間のことです。

しかし出世する人の多くは、時間を、ほとんど区切りのない、融通の利くものとしてとらえるようになっています。

そして、そうした時間のなかで、いくつかの確認事項が定められ、その日の状況に応じて達成されます。

確認事項のリストには3つのスタイルがあります。機能本位のもの、内容本位のもの、両者を混ぜ合わせたものです。

例をあげましょう。

1 **機能本位の確認事項リスト**

- 誰にも邪魔されない時間を設けて、優先事項を処理する
- 電話をする、あるいはかけなおす
- 書類、メール、ボイスメールについてTRAFを行う
- 進捗管理されているかどうかを管理する
- 優先順位の低い仕事を、まとめて2時間で片づける
- MBWAを行う（現場を歩いて、社員と交流する）
- 部下のひとりひとりと、毎日必ず簡単な会話を交わす
- 上司と、毎日必ず簡単な会話を交わす

2 **内容本位の確認事項リスト**

- 顧客と連絡をとる
- 新たな顧客を獲得する
- 複雑な計算をする
- 権限を委譲し、社員を育てる
- メモ、手紙、報告書、販売用の宣伝文句、戦略計画などを書く

いずれのリストを選んでもかまいません。必要に応じて、混ぜ合わせ、よりよいものにしてください。あまりたくさんの項目を入れすぎてはいけません。1日のあいだに何かが起きたら、すぐにリストに書き加えるようにしましょう。

リストの用意ができて、「融通の利く時間」の枠組みが整ったら、すばらしいテクニックが得られるようになります。それは、出世する人たちが臨機応変に1日の予定を組み替えることを可能にしているテクニックです。

★——「10分間の秘訣」で時間を生み出す

誰もが承知しているとおり、時間に関して個人的に多々要求があっても、職場では当然さまざまなやりとりが行われるものであり、絶えず折り合いがつけられています。

しかしこれこそが、企業の頂点に上りつめたトップたちが時間管理に関して成功をおさめている秘訣です。時間とは細かく区切られたものだと考えをあらためましょう。「折り合いをつけつづけなければならない」1日を、およそ10分ずつに区切られた多数の時間枠の集まりだと考えてみてください。

私はこれを「雨粒」と呼んでいますが、「雨粒」を心に描いているときとそうでないときで対応にどれほど大きな違いが出るか、典型的なシナリオで比べてみましょう。

同僚のマーヴィンが、廊下を歩いてくる音が聞こえます。

3分ほどしたら、顔を出して言うことでしょう。「ちょっといいかい？」

そのとき、あなたは、10分ほど前から、予算案に最終的な数字を書き込んでいます。この仕事を終えるには、あと20分ほど必要です。

マーヴィンが顔を出したときのあなたの反応は、次のいずれかになります。

1　今この時間にすべての作業を終えることを目標にしている場合――「まったく、また邪魔された！　何ひとつ片づきゃしない！　まるで思いどおりに進まないじゃないか！」

2　心に「10分間の雨粒」を思い描いている場合――「オーケー、3分の1くらい片づいたな。マーヴィンが帰ったら、3時からの会議の前に、また10分間作業をしよう。会議が終わったら、静かなところへ抜け出して、さらに10分間作業をする。そうすれば、今日中にこの仕事をやりとげられるだろう」

ポイントは、時間を柔軟にとらえ、臨機応変に対応できるようになるという点です。

これには、2つの重要な効果があります。

ひとつは、怒りや被害者意識が大幅に減らされることにより、憤りのせいで封じ込められていたエネルギーを解放できる、という点です。

もうひとつは、「仕事を片づけるちょっとした機会を1日中探してくり返し確認事項リストを見る」という過程は、自分の時間を支配し、生産性を上げるための強力な手段になる、という点です。これはぜひ取り入れるべきすばらしい習慣で、私の知る多くのトップが習得している重要な戦略でもあります。

確認事項リストを見ながら、時間を柔軟にとらえ、臨機応変に対応することが、なぜそんなにも効果的なのか、理由は私にもよくわかりません。

しかし、効果絶大なのはたしかです。出世の階段を上りつめた企業トップはみな、そうした1日を送っています。

次に、こうした時間の使い方に私が初めて興味を惹かれたときのことをお話ししましょう。

ある会社の会長を訪ねたとき、彼は、黄色いレポート用紙に、かけなければならない5、6件の電話について、要点を記していました。

彼が1件電話をかけ終わると、質問したり何かの件で新しい報告をしたりするために誰かがやってきます。すると彼は、その人を手招きして快く迎え入れます。その人が出ていくと、次の電話をかけ、それから同じ階にいる誰かを訪ねていきます。

彼らは、「電話をする時間」とか「書類仕事をする時間」などと、時間を区切って考えたりしません。
むしろ、そうした仕事を数時間にわたって「ばらまき」ます。
そして、ストレスを感じることなく、折を見て、確実に仕事を片づけていくのです。

極意7――日常の業務は、あちこちの時間に「ばらまく」！

第8章

すばやく仕事をこなすための極意

気分がのらないまま、仕事をしていませんか？

ウォール・ストリートのある大物トップは、こう言っていました。今までとは違う時間節約法や能率アップの手段を知るのは、楽しくてたまらない、と。

出世の階段をどこまで上ろうと、能率を上げ時間を節約するのに役立つアイデアは、どんどん取り入れるべきもの。そうしたアイデアは、楽しく実行できますし、時間を増やすのにたしかな効果をもたらしてくれます。

★──生産性を上げるための8つの方法

1　空き時間を活用する──驚くほど効率がいいのは、仕事と仕事のあい間のちょっとした時間をめいっぱい活用する、という作戦です。シンギュラーワイヤレス社のCEO、スティーブン・カーターは、このような意見を述べています。「会議と会議のあいだにたとえ10分しかなかったとしても、その時間をフルに使って、返事や重要なメールを送ります」

ポイントは、会議や打ち合わせのあい間、つまり、待合室にいるときや並んで待っているときのちょっとした時間を有効に使うことです。

5分あればできること

- 重要なメールが来ていないかチェックする
- 人と会う予定を1カ月分立てる
- 取引先を集めて行うパーティーについて、招待者リストを作る

10分あればできること

- 職場で起きている問題の解決法を考える
- メールや覚え書きを書く
- 定期刊行物に目を通す
- 「脳の休み時間」にする。ときには、窓の外を眺めたり何もせずにいることが、最

も有効な時間の使い方になる場合もある

30分あればできること

- 報告書にざっと目を通し、あとで詳細に見るべき箇所をチェックする
- まだ読んでいない新聞や雑誌を読む
- 手間のかかる仕事の下準備をする

2

前日の夜に、翌朝の用意をしておく――前日の夜に、翌朝出かけるための準備をしておきましょう。そうすれば、あまりあわてることなく、家を出ることができます。

3

金曜日に「週末前」のチェックをする――金曜日には、机や受信トレイをさっとチェックして、すべての書類とメールにTRAFを行ったことを確認してください。行っていないものは、月曜日にいちばんに取りかかれるよう、「すぐにするべきこと」専用のファイルに入れておきましょう。

次に「TO DOリスト」をチェックしてください。月曜日にする仕事として優先順位の高いものには星印をつけます。そして、真っ先に取りかかれるよう、リストを机の上に置いてください。進捗管理すべき事柄のうち、今週きちんと取り組めなかった

もののことも、忘れてはいけません。コンピュータ上の、あるいは手書きのスケジュール表に再度記入し、翌週に取り組むようにしましょう。

4 すぐに片づく仕事は、すぐに片づける――「TO DOリスト」にある仕事のうち、5分以下で片づけられそうなものにチェック印をつけてください。その仕事が来たら、すぐに処理してください。そうしたちょっとした仕事には、どんなことがあっても、1日に少なくとも3つか4つは取り組むようにしてください。

5 まず計画すると、あとで時間を節約できる――「15対4のルール」に従いましょう。これは、これからする仕事について15分考えると、あとで4時間という時間を無駄にせずにすむ、というものです。

たしかに、1日の仕事をよく考え、優先順位をつけ、その日にすべきことをきちんと計画する人は、行き当たりばったりに仕事をする人よりはるかに多くのことを達成するように思われます。15対4のルールを取り入れて時間を節約すれば、あなたにとっても部下にとっても、効率を高めることができるでしょう。

6 書類仕事を楽しく始める――報告書などの書類をさっと書きはじめられるよう、トラ

ンプをする感覚で準備をしましょう。まず、書こうと思うものについて、要点をインデックスカード1枚にひとつずつ書いてください。次に、トランプを並べるように、カードを机の上に置いていきます。カードを次々並べかえ、さまざまな組み合わせを考えます。最も論理的だと思える並び方ができたら、概略のできあがりです。

7 情報網を広げる——関係するあらゆる部署において、少なくとも2人の人と知り合いになりましょう。そうすれば、手助けや情報が必要になったときに、どの分野であれ、きっとあなたに力を貸してくれる人を得られます。そうした仲間たちには、あなたのほうも、つねに喜んで手を貸すつもりであることを、はっきり伝えておきましょう。

これを行うには、組織のいたるところにさまざまなルートを持って、会話が自然に生まれる機会を作るとよいでしょう。つまり、ほかの部署の人となにげなく話をする口実として、書類は社内便を使わないで自分の手で持っていくわけです。これは、MBWA、すなわち「現場を歩いて、社員と交流する」ことのひとつの形といえます。

8 習慣を少し変えて、充実した時間を生み出す——波に乗れていない、何も達成できていない、と感じたときに有用なのは、習慣を少し変えて、有意義な時間を生み出すことです。ある管理者の例をあげましょう。

彼は、毎朝7時半に起きて「静かな時間」を作り、優先すべき仕事に取り組んでいました。しかし、今ひとつ成果が上がっていないように思われました。

やがて彼は、かなりの時間を費やしながら、自分が、ファイルを見て、目下取り組んでいる仕事の準備をととのえているにすぎないことに気づきました。

そこで、そうした準備をするのは前日の終わりにすることにしたところ、今では朝に、実質的な作業に黙々と1分たりとも休むことなく取り組めるようになりました。これはたいへんな変わりようです。

「波に乗れていない」と感じたときはつねに、次のような基本的な問いかけをすると、状況を切り抜けられるようになります。「これは早い時期にすべきだろうか。それとももっと後ですべきだろうか」「自分ですべきだろうか、チームで取り組むべきだろうか。あるいは、誰かに任せるべきだろうか」といった具合です。日課的にしている仕事をときどき吟味してみると、生産性をぐんと上げられるようになるでしょう。

★──最良の時間の使い方を見つける

成功している多くのトップたちは、自分にとって最良の時間の使い方を見つけて、個性や気分といったエネルギーを高める重要性をよく知っています。いうなれば、それは「自分らしくあれ」ということです。

極意8――自分にとって最良の時間を見つける！

次の4つの要素が合わさると、生産性に富んだ時間の使い方ができるようになります。

- 自分の活力をみなぎらせるものは何かを知る
- 気持ちを安らかにする
- 最も活動的になれる時間帯を活用する
- 時間に対し、「独自の概念」を持つ

★――あなたの活力をみなぎらせるものは何か

成功しているトップの多くは、自分に活力を与えてくれる状況や環境を、積極的に探し出しています。

1 泳いでいるあいだにアイデアを得る

——ある会社の社長は、プールを往復して泳いでいるあいだにすばらしいアイデアを思いつきます。思いついたら、プールの両端に置いたテープレコーダーに、浮かんだアイデアを録音します。「問題の多くを、私は1日が終わるころに解決します。意識の状態が微妙に変わったころですね」ともこの社長は述べています。

2 頭のなかの配列を組みかえる

——博物館の理事マルシア・ゼリヴィッツは、「頭のなかの配列を組みかえる」というアイデアを話してくれました。これは、精神的なエネルギーをうまく配分するひとつの方法です。

たとえば、注意深く検討しなければならない書類があるのに、今日はそういう気分になれない場合、彼女は頭のなかの「明日の山」にその書類を積み上げます。「無理に読んで時間を無駄にしたりしない」わけです。彼女はこう述べていました。

「私には、その書類の処理は明日にしても大丈夫だとわかっていました。だから、頭のなかの配列を組みかえたのです。仕事はいつもそんなふうに片づけます。その仕事にとって最適なときに取り組むようにしているんです」

3 失敗しても、くよくよしない

——ウォルマートの創設者サム・ウォルトンは、何かミスをしたとき、自分を責めて時間を浪費することはありませんでした。それどころか、明くる朝には何か新しいことに挑戦していました。

失敗してもすばやく立ち直れるのは、トップとして成功するのに欠かせない能力です。それは、失敗を、成功に導く不可欠な前兆として考えるのに役に立ちます。

何かミスをしたら、立ち上がって、もう1度挑戦してみましょう……今すぐに！

★――心を落ち着かせて、エネルギーを充電する

1

1日のなかに「ミニ休暇」を設ける――ある会社の社長は、1日のあいだに5分か10分、「ミニ休暇」をとると、ふたたび力をみなぎらせるのに役に立つと述べています。彼いわく、「〈ミニ休暇〉は心を落ち着かせてくれる」のです。

「ミニ休暇」によって活力を取り戻しているトップを、3人紹介しましょう。

ある企業の社長はこう言っています。「私はときどき、旅行会社のサイトを覗いて、旅に出る空想をします。たとえば、スイスとかですね。ほんの5分くらいのことですが、楽しいですし、ストレス解消になります」

別の会社のCEOは、1歳9カ月になる娘に電話をして、いっしょにアルファベットを「練習」します。「娘の〈パパ〉という声を聞くと、どんなにたいへんな状況に

なっているときでも、ほっと息がつけるんです」

また、あるプロのビジネス・コーチは、付近を散歩します。「1日に最低1万歩は歩いていることを確かめられるように、このあいだから万歩計をつけているんですよ」

あるいは、昼日中に、他の州に住む親友に電話をかけることもあります。

2

瞑想する期間を設ける――マイクロソフト社のビル・ゲイツやQTIソリューションズ社（ニュージャージー州に本拠を置く製剤試験研究所）のCEO、ポール・ウィンスローは、熟考するための時間を作ります。

ビル・ゲイツは、ワシントン州北西部に所有する静養所で、毎年「思考する2週間」を過ごします。そして、テクノロジーに関する「次の目玉」をじっくり考えます。

ポール・ウィンスローは、元日にオフィスへ行き、懸案のあらゆるプロジェクトを、より大きな目標や優先事項に照らして評価します。そして、基準を満たさないプロジェクトは削除し、新しい年に向けて態勢をととのえます。

3

今後の仕事のために――あるコンサルタントは、1カ月のうち1日を、やり残している仕事の処理に充てると、とても気持ちが落ち着くのだといいます。

「1カ月に1度、1日中図書館にこもります。そして、しなければならない仕事を全部整理します。すべての〈こまごまとした管理業務〉を、つまり、書類仕事とか経費勘定とか報告書のチェックとか、細かいけれど、やらなければたいへんなことになりかねない仕事を片づけるんです。

大きなプロジェクトを、小さな、扱いやすい仕事に組みなおしたりもします。社員のファイルを最新のものにしたりもします。進捗管理すべきことをメモしたり、顧客からの手紙に返事を出したり、礼状を書いたりもします。

ありがたいことに、誰にも邪魔されることなく静かな図書館にこもっていると、同じ時間オフィスにいて作業するより、10倍の仕事をこなすことができるんですよ」

以下に、トップたちが「元気を回復させてくれるもの」として提案したものの一部を紹介します。あなたの1日に活力を与えてくれそうなものはどれでしょう?

- 1日のあいだに、ひと休みする時間を設ける
- 運動する
- 音楽を聴く
- 配偶者や親しい友人と、短時間おしゃべりをしたりEメールをやりとりしたりする
- 雑誌の記事や、仕事と関連のない本の1章を読む

● 散歩する
● ヨガや瞑想をする
● 10分か15分ほど仮眠する
● クロスワード・パズルをする
● コンピュータ・ゲームをする

★——最も活動的になれる時間帯を活用する

朝、あなたは生き生きとして、待ってましたとばかりに仕事に取りかかれますか。それとも、もっと遅い時間のほうが活動的になれますか。

自分が最も活動的になれる時間帯には、少なくとも1時間のあいだ一切の邪魔が入らないよう、本格的な対策を立てましょう。そして、優先事項や難しい仕事に取り組んで、飛躍的に生産性を上げるようにしましょう。

★——時間に対し、「独自の概念」を持つ

なかには、独自の概念で時間をとらえて、生産性を高める人もいます。

1 **「今とるべきポイント」のことだけを考える**――プロ・テニス選手のジミー・コナーズは、試合のあいだは今とろうとしているポイントのことしか考えない、と述べていました。勝敗については、一切考えません。次になすべきことのみに、全神経を集中させます。そのポイントをとるのが自分であれ相手であれ、決着がつくと、コナーズはそのことを頭から追い払い、次のポイントに集中します。

2 **「危機管理組織」になる**――ものごとを整理するのが生まれつき苦手だというあるトップは、危機感を強制的に強めることによって、仕事を計画的に処理できないという弱点を克服しています。

「私は日頃から、一定以上の混乱を生み出さないよう、意識的に心がけています。電話をかけなおしていなかったり、社員や顧客からの問い合わせに返事をしていなかったり、書類やメールを処理していなかったりすると、将来的にきっと、事態が悪化したり危機的状況が生み出されたりします。

そのため私は、ともに働く秘書と私のことを、〈危機管理組織〉として考えています。日々の業務を確実にこなし、先を見越して計画を立てることによって、危機を、事前に見つけ出すのです」

第9章

集中力を高めるための極意

「ながら」仕事をしていませんか?

「一度に複数の仕事をする」というのは、電話で話しながら書類にサインをしたり、一度に10の仕事をこなしたりすることです。これは、忙しい現代においては明らかに、より少ない時間でより多くの仕事を達成することを意味します。

そのため、企業トップは、一度に複数の仕事をすることに長けていたほうがよいと思われます……。

果たして、ほんとうにそうでしょうか。ちょっと考えてみましょう。

トップの姿とは、多くの場合、次のいずれであると思いますか。

1　多くのトップは、一度に複数の仕事をする達人である。彼らは、私たちが20分かけてするより多くのことを、5分でこなしてしまう。

2　多くのトップは、積極的に、一度に複数の仕事をしようとする。彼らはその機会をみずから進んで探している。

3　多くのトップは、ときおり、一度に複数の仕事をすることがある。

私は、トップとは「一度に複数の仕事をする達人」だと思っていましたが、それは誤りでした。彼らが一度に複数の仕事をすることは、どのような意味においてもありません。

では、どのような場合なら、彼らは、一度に複数の仕事をするべきだと考えるのでしょうか。また、それをどのようにして知るのでしょうか。彼らは、一度に複数の仕事をする代わりに、どのような仕事のしかたをするのでしょうか。一度に複数の仕事をすることが実質的に生産性の妨げとなるのは、どのような場合でしょうか。

★――一度に複数の仕事をしない

一度に複数の仕事をするというのは、時間を管理するすばらしい方法だと誤解されているもののひとつです。少なくとも企業トップは、そのような時間管理法は用いません。いったい、私たちはどんな点を誤解しているのでしょう。

あらゆる階層のあらゆる人が短時間で効率よく仕事を片づけたいと思っているのはまちがいなく、その目標はみな同じです。ただトップは、私たちと異なる方法を用いています。目を見はるような成功を収めているトップはたいてい、ごく短い時間であったとしても、今している対話や仕事に、「スポットライトを当てる」ように意識を集中します。いろいろなものに注意を向けたり気が散ったりすることを、彼らは嫌がります。その仕事ぶりを見ていると、一度に複数の仕事をしているように思えますが、それはたくさんの仕事をきわめて短い時間でこなしているからにすぎません。

極意9――今している仕事に意識を集中させる！

しかしながら、「スポットライトを当てる」ように集中した、生産性に富む対話を絶えず行うことと、私たちの対話とは、どこが違うのでしょう。

それは、「焦点のあて方」にあります。

ダラスの市政担当官は、「組織のトップは一度に50もの仕事をこなそうとはしていないようですね」という私の問いかけに答えて、こんな話をしました。

「何らかの仕事をしているとき、それは私にとって最も重要な仕事をしているということです。ほかの仕事に見向きすべきではありません。時間はあとできっとありますから。

何かの仕事に集中しているときに新しくやるべきことが出てきたときは必ず、付箋に書きとめるようにしています。〈この件について考える必要あり……〉とね。私の机は付箋だらけです。そして、音楽を鳴らしながら車で家に帰るときに考えはじめます。

こうして、「スポットライトを当てる」ように集中することは、電話で手短に話をするにせよ顔を合わせて言葉をかわすにせよ、対話を1日に一〇〇回以上も生み出します。そしてそれが、個人の強力な時間管理法になります。

また、「スポットライトを当てる」ような集中のしかたには、大小の仕事を噛みついたら離れないブルドッグ的なしつこさで完遂しようとする傾向が必ず見られます。

たとえば、出世の階段を上りつめた人たちはみな、ひとたび書類を手にしたりメールを開いたりすると、処理しないなどとは夢にも思わず、すぐにＴＲＡＦを行います。仕事をどっちつかずの状態にしておくことは、彼らには生来的にできません。

私たちの多くはどうでしょうか。驚くことではありませんが、彼らのような「是が非でも完遂しなければ」という切迫した思いは、必ずしも私たちの遺伝子に深く刻み込まれているようには思われません。

以下に、「スポットライト的」集中力を高め、他と差をつけるのに役立つ作戦を紹介しましょう。

★――「スポットライト的」集中力を養う

一度に複数の仕事を処理することはあまりに声高に主張されてきたため、多くの管理者が集中力の低下という害を被っています。

次に紹介する方法は、一度に5つの仕事をしようとするものではありません。

しかし、この方法に従えば、一度にひとつの仕事に集中することによって、5つすべての仕事を、より早く効率的にやりとげられるようになるでしょう。

1　アシスタントに、1日に1度、あなたと向き合ってすわって、10分か15分話し合いをするよう頼んでください。アシスタントはあなたに、ファイルか文書かプリントアウトしたメールを、一度にひとつだけ手渡します。あなたは何をなすべきかを話し、助手はメモをとります。それから、進捗管理すべきことや再検討すべきことについて、2人とも印をつけます。これで作業は終わりです。

2　できれば、部下のオフィスを、あなたのオフィスの近くに移しましょう。部下のところへ行くまでのあいだに、あまり気を散らされずに済むようになります。

3　TODOリストを作るときは、しなければならないことを書き並べるのではなく、とくに重要な仕事を日に2つか3つにしぼって書くようにしましょう。

4　部下用のファイルと主要な顧客用のファイルを、色別にして作ってください。折り返しかけるべき電話や答えるべき質問やしなければならない仕事のうちまだできていないものは、付箋に書いて、それぞれのファイルの上に貼っておきましょう（付箋の色はファイルの色に合わせるとよいでしょう）。そうすれば、何をしなければならないか、ひと目でわかります。

5　目標やしようと思っていることについて、日誌をつけましょう。そして、週に2、3度、それらと実際の行動とを比べてみましょう。

6　相互協力方式《バディ・システム》を活用しましょう。毎朝7時から8時のあいだに「仕事仲間」と話をして、前日にやりとげたことと今日の目標について検討しましょう。

★——集中力を高めるための作戦

一般に、集中力を高めることは、生産性を上げる戦略のなかで上位に位置します。しかし、忙しい日々にあっては、それはなかなかできないことのひとつになっています。以下に、集中力を高めるための作戦をいくつか紹介します。ジミー・コナーズの言う「今とるべきポイントのことだけを考える」のに、きっと役立つことでしょう。

★──最終期限を設ける

辞書編集者サミュエル・ジョンソンの言葉に、「完成が間近になると、驚くほど集中できる」という有名なものがあります。

ジャック・ウェルチは、購買担当者が1カ月も前に与えられた課題についてあまり成果を出さなかったとき、不愉快に思いました。ウェルチはすぐさま会議を中断し、「4時間後に再開するが、そのときには最新の情報を持って来るように」と指示をしました。

結果的に、購買担当者は、それまでの1カ月にした以上のことを、その4時間でなしとげたのでした。

最終期限を設けられると、大きな力がわいてくることがあります。

まず、最終期限に対する自分の反応を知ってください。

1　あなたは、厳しい最終期限を課せられた緊張感に満ちた状況下でも、しっかり仕事ができますか。

2　仕事は、最終期限による重圧のあまりない状況でするほうがいいですか。

3　過酷な期限を課せられると、オロオロしたりパニックになったりしがちですか。

過酷な期限を課せられると張りきるタイプなら、ぜひその緊張感あふれる状況を活用してください。ただし、期限の前夜になって重要な仕事に取り組みはじめたものの、必要な資料をそろえる時間を見越していなかったことに気づき、しかしもはや後の祭り……などということにならないようにしましょう。

反対に、厳しい期限を切られると、身動きがとれなくなってしまう人もいます。そういう人は、ゆとりをたくさん組み込んでください。ある仕事を終えるのに2週間かかると思ったら、3週目を予定に組み入れておくようにしましょう。

★——集中しやすい状況を見つける

これは、私自身が集中力を高めるのに使っている方法です。

どういうわけか、私は、オフィスでひとりきりでいても、書いたり考えたりするのに集中できないことがあります。一方、乗り物に乗って移動しているときは、びっくりするくらい集中することができます。

そのため、電車にも飛行機にも乗っていないときに「人混みのなかで集中する」効果を得たい場合、私は書類を持って近くのコーヒーショップへ行き、仕事に没頭します。

反対に、ちょっとした物音がするだけで、集中力を乱されてしまう人もいます。静かな場が必要なときは、会議室へ行ったり、オフィスのドアを閉めたり、近くにある公共の、あるいは大学の図書館へ行くとよいでしょう。

★——集中力を高めるためのヒント

1 **行動ではなく結果の観点から、仕事のことを考える**——「1時間のあいだ、これらの報告書を書こう」と思ってはいけません。代わりに、「昼食までに、10件分の報告書を書き上げよう」と考えると、時計を気にすることなく、仕事をなしとげることに集中できるようになります。

2 **「行動日誌」を毎日つける**——メリルリンチの人事部長はこう述べています。「自分の行動について経過を追うことは、思うよりはるかに重要です。私は仕事について日誌をつけはじめました。日誌は私の上司の役にも立っていますし、毎日毎週、私を集中させてくれてもいます」

3 **立って仕事をする**——集中したりてきぱき動いたりするために、立って仕事をしましょう。胸の高さの作業場を設けて、書類を読んだりめくったりしてください。型どおりの電話をかけるときも、立ってかけましょう。すると、会話がいつもより短く集中したものになります。

4 **日常業務は時計を見ながらする**——決まりきった仕事に取り組むときは、絶えず時間をチェックしましょう。視覚的に注意が促されると、仕事をする手が速くなります。

5 **自分と競う**——10分間のタイマーをしかけ、ブザーが鳴る前に仕事を終えるようにしましょう。ミスをするほど短い時間を設定してはいけません。現実的な時間を設定して、つまらない仕事を楽しくできるものに変えましょう。

第10章 優先順位をつけるための極意

ほんとうに大事なことはいつするのですか?

P・F・ドラッカーは次のような指摘をしています。

成功している管理職の人は、気質も興味を持つものも能力さえも実にさまざまだが、1点だけ共通していることがある。それは、まさに今するべきことがきちんとできる、という点だと。

つまり、すべての仕事をしようとするのではなく、きわめて重要な仕事だけに集中する勇気と先見の明を持っているということです。毎日職場で一定の選別作業を行い、「今」しなければならないこととあとでもかまわないことを厳格に決定しているということです。

みなさんは、優先すべき仕事がきちんと優先されるような時間の使い方をしていますか。それとも、どんなに頑張っても、ほんとうに重要な仕事には取りかかれそうにないという、悪い予感を覚えますか。

この難しい状況に対するトップたちの答えは、少し複雑です。彼らは、2種類の優先すべき仕事を処理しているからです。

ひとつは、私たちがふつう優先すべき仕事として考えるたぐいの「しなければならない仕事」です。たとえば、あなたは展示会を2週間で企画・実行する責任を負っているとしましょう。それは、緊急のものとして位置づけられる、一刻を争う優先すべき仕事です。

しかし、優先すべき仕事にはもうひとつ、もっと微妙で複雑な、戦略的な仕事があります。基本的にはそれは、船が正しい方向に進んでいるかどうかを決定する仕事です。

たとえば、あなたは伝統あるデパートでマネージャーを務めているとします。今、あなたには、この地域をねらっている手ごわい競争相手がいます。あなたの得意先である上流階級の顧客のうち、少なからぬ数の顧客を取り込もうとしているのです。

この脅威に対抗し、市場占有率を守る方法について、あなたは上層部への提案を考えています。これが、もうひとつの優先すべき仕事です。

2種類の優先すべき仕事は、表面的には別ものであるように見えます。そのため、戦術上の優先事項と戦略上の優先事項とを分けて話を進めます。しかし、本章の最後では、この2つがどれほどつながりがあるか示したいと思います。

次に示すのは、コンサルタントのリンダ・カッセル・ジョーンズが考えた、「優先すべ

表3　優先すべき仕事の体系的なリスト

するべき仕事の体系的なリスト

主要な仕事	2番目に重要な仕事	私的なことや楽しみ	特別な仕事
最優先すべき仕事。最も関心のある仕事。	日々こなさなければならない、優先順位としては中程度の仕事。	誰と昼食をともにするか、など。	たとえば、事務所の改装を引き受けているなら、その作業を順調に進めるのに関係のある仕事。

き仕事」の体系的なリストです。ぜひ試してみてください。

毎週金曜日にリストを用意し、どんどん更新してください。きちんと備えていれば、つねに優先事項を把握しておくことができます。

★――優先すべきことを把握する

あるトップが言いました。「私は、優先すべき仕事を把握し、それを実行しているだけですよ」

すばらしい！　しかし、優先すべき仕事を把握するのは、それほど簡単ではない場合があります。では、どのようにすればいいのでしょう？　答えは、自分にとっての優先すべき仕事を毎日きちんと知る、ということです。そのひとつの方法として、次ページにある表を使って、ＴＯＤＯリストを毎日作ってみてください。多くのトップは、次の３点を含む方法を使って、しなければならない仕事を完璧にやりとげています。

1　**優先事項を記したリストを、すぐに使える状態にしておく**――てんてこまいの状況になると、優先事項を記したリストは机のどこかに埋もれてしまいがちです。そうなると、もうたいへんです。次に紹介するやり方のうちいずれかを実践すると、ひと目見ただけで簡単にリストを見つけられるようになります。

- 優先事項を記したリストやPDAを、机の上の決まった場所か、スケジュール表といっしょに置いておく。こうすると、どこにあるのかすぐにわかります。
- 机のどこかに埋もれてしまってもすぐに見つけられるよう、目立つ色の紙を使う。
- 黄色い付箋に優先事項を書いて、パソコンのモニターに貼っておく。あるいは、パソコンのそばの本棚や壁に、リストをテープなどで貼っておく。
- 星印をつけたり赤色で書いたり、何か注意を引く印をして、優先事項を目立たせる。

2　**委託する**――成功しているトップはほぼ全員が、委託するという才能を存分に発揮するようになっています。それは、呼吸と同じくらい基本的なことです。彼らは、「仕事なり責任なりをもしほかの誰かが引き受けられるのなら、あるいは、訓練によって

表4　優先順位を反映したTO DOリストを作る

重要な仕事を選別するために、優先順位の高さによって
日々のTODOリストを作りましょう。

1　最優先	一刻を争う「しなければならない仕事」 神経を最大にとがらせなければならない仕事 ストレスの多い、あるいは気の乗らない仕事
2　中程度の優先度	ほどほどに優先順位の高い、日々の仕事
3　あまり優先度が高くない	最低限のTRAF 電話をかけたり書類に目を通したりといった、こまごました仕事
報酬の高い、優先すべき仕事	収入的にどれくらいになるか定かではないが、成功すれば、華々しい実績を残せる仕事 たとえば、あなたは会計士で、その道で名をあげたいと思っているとします。業界誌に論文を発表すれば、名声を高められるかもしれません。となれば、これが「報酬の高い、優先すべき仕事」になります。 そうと決まれば、「報酬の高い、優先すべき仕事」をなしとげる努力をしましょう。あるいは、その一部、たとえば論文の概略を書くといった仕事を、少なくとも週に2度はしてください。必要なら、自分自身と話をする日を決め、その日時をスケジュール表に記入しましょう。
優先度を上げざるを得ない仕事	しなければ、よくない結果を引き起こす仕事 たとえば、大切な顧客にまだ電話をかけなおしていない場合、用件そのものは重要でないとしても、その顧客はイライラするかもしれませんし、ひいては、関係が否定的なものへと変わってしまうかもしれません。

引き受けられるようになるのなら、当然その人に委ねるべきだ」という主義を貫いているのです。ある人は絶えずこう自問します。「この仕事は私がするのがいちばん効果的なのか？」そうでない場合は、部下に委ねます。

3　最も能率の上がる時間を確保する

「何ものにも邪魔されない時間」は、あなたの最も能率の上がる時間であり、最優先の仕事に最適な時間ですが、この時間を日々確保することは、優先すべき仕事を管理しつづけるのに、絶対に欠かすことができません。最も重要な仕事は、最も能率の上がる時間にするようにしましょう。2番目に大切な仕事や優先順位のそれほど高くない仕事は1日のちょっとした時間に「ばらまき」、3番目に大切な仕事は能率の落ちる時間に――多くの人にとっては午後の遅い時間に――するようにしましょう。

★――しないことのリストを作る

優先すべき仕事を処理するための、成功する人の貴重な方法を紹介しましょう。いずれも、彼らの長年にわたる経験から編み出されたものです。

あるテクニカル・ライターは次のように述べています。「私はある仕事に焦点を当てて

1日を過ごします。コンピュータに向かうより前に、〈TODOリスト〉をチェックして、2つの質問を自分に投げかけるんです。〈TODOのなかでも、今日処理すべきとくに重要なものはどれだろう〉という質問と、〈どの仕事をすれば、今日という日が実りあるものになるだろう。かけるべき電話を全部かけることだろうか〉という質問です。

1日のはじめにこの2つを自分に問いかけると、重要な優先事項に集中しやすくなりますし、1日をきわめて生産性の高いものにするのにも役立ちます」

また、「しないこと」のリストを作るのも名案です。「私の時間を費やすべきではないことは何だろう?」と問いかけ、「しないこと」のリストを作ると、最優先すべきことに集中できるようになります。

ある女性社長はこう言っていました。「私は、何をすべきでないかを実にうまく見分けられるようになりました。それが、私の成功の秘訣です」

コンサルタントをしている女性が次のように述べていましたが、まさにそのとおりでしょう。「絶対になしとげなければならない5つのことに注意を集中し、必ずしも重点的に取り組む必要のない15のことに集中せずにいれば、成功する可能性はぐっと高くなります」

★——するべきことに集中する

ここからは、戦略上の優先事項について述べたいと思います。それは、みなさんを正しい方向に進ませる道路地図のようなものです。戦術上の優先事項に比べると抽象的でとらえにくいものですが、船を正しい方向へ進めるためには欠かすことができません。

あるトップの言葉は、ずばり的を射ているでしょう。「多くの管理者は、仕事の些細な点に押しつぶされそうになっている。彼らは大局を見ることができず、そのために時間をうまく管理することができない。なぜなら、重要なことに集中できていないからだ」

しかし、「重要なこと」とは何でしょう？

ある企業の責任者は、時間管理の2つの側面、つまり「戦術的な」側面と「戦略的な」側面とを見分けていました。

「中身の濃い短時間の会議に参加すると、時間をきわめて戦術的に使ったことになります」と彼は言います。「しかし、そもそも会議に参加すべきだったのか。会議は行われるべきだったのか。それを考えると、戦略的な時間の使い方をすることになります」

とはいえ、全体的な方針を具体的に定めていないために、戦術上の優先事項と戦略的な優先事項とがはっきりとは区別できない場合が少なくありません。

そのため、この項では、トップたちが長期にわたる目標を達成するのに使っている「方向性に関する」3つの優先事項に焦点を当て、具体例を紹介したいと思います。

これら3つのコンセプトに基づく実際的なアプローチは、みなさんが自分の「戦略上の優先事項」を決定するのに役立つことでしょう。

★――優先順位をつけるための基本方針

トップたちは、きわめて重要な基本的指針に従って、態度を決め、時間の使い方を管理しています。方向性に関する優先事項には、3つの重要なものがあります。

1　直接的な見返りのある優先事項
2　カギとなる行動律
3　目標に合わせた優先事項

★――収益に関連することを優先させる

成功しているトップたちは、優先する仕事は収益に、すなわちビジネスの中核部分に直接関連がある、という点を強調します。

かつてホテルの総支配人を務めたあるCOOは、こんな話をしていました。「ホテルのナンバー2の男は、副社長です。彼の仕事は、何億ドルもの収益を左右します。私の部屋のドアは、彼に対しては、どんなときも開かれていました。何か問題が起きて、彼が私を必要としているときは、すぐに会議を抜け出したものです。ビジネスの中核部分に照らしてみれば、彼や彼の抱える問題こそが最優先すべき事柄なのです」

つまりこのCOOは、ビジネスの中核部分からどれくらい離れているか、あるいは近いかで、ものごとの優先順位を決めているのです。

たとえ収益に関して責任を負う立場にないとしても、直接的な見返りを伴う「仕事の中核部分」を中心に置くというその考え方は、おもしろく、また効果的です。

この考え方はどんな立場の人でも取り入れられることを示すために例をあげましょう。ひとりは収益に、もうひとりは患者へのケア向上という目的に関して責任を負っています。

1　社員の販売努力をより効果的にする——ある企業の営業開発部長は、優先すべき仕事として、1日に1時間をかけて、社の販売マニュアルを書き直すことにしました。1、2カ月を要する大がかりな仕事でしたが、見返りは何でしょう？　それは、社員の販売努力の効果が上がり、新たな契約とさらなる利益が生み出されたことでした。

2 **患者への対応を向上させる**——多くの病院において、救急救命室（ER）は機能が麻痺してしまいそうになっていました。急を要さない患者を後回しにして、緊急の患者の治療がなされたためでした。

そこで、多くのERでは、急を要さない患者だけを診るドクターをひとり置いて、専用の治療ルートを確保するようになりました。

その見返りは何でしょう？

患者を分けることで、緊急の患者の治療を遅らせることなく、急を要さない患者の待ち時間をほぼ半分にできるようになりました。また、ERのほかのドクターたちは、緊急の患者だけにエネルギーを傾けられるようになりました。

★——「カギとなる行動律」に基づくことを優先させる

ひとつないし3つの「カギとなる行動律」に基づく優先事項を認識すると、私たちは、出世という成功を手に入れた人たちにぐっと近づくことになります。

「カギとなる行動律」とは、根本的な心構えであり、強力な考えです。トップたちの個人的な信念体系の一部であり、1日、1週間、あるいは1年にわたる時間の使い方を特徴づけたり、さまざまに左右したりします。わかりやすい例をあげましょう。

ロサンゼルス市警本部長ビル・ブラットンは、ニューヨーク市の「エリート警官《トップコップ》」として知られた人でしたが、彼もまた根本的な心構えに従って仕事をしています。根本的な心構えとは、仕事についての自分の考え方を打ち立て、周囲に示すもの。彼の場合は、「混乱と不安を減らす」ことです。

もしかしたら、曖昧な方針に思えるかもしれません。しかし、管理に関する強力なコンセプトを日々の優先事項へと変えるのは、トップとして持つべき大切な手腕です。

たとえば、ルディ・ジュリアーニ市長のもとでニューヨーク市警本部長を務めていたころ、ブラットンは一見「カギとなる行動律」とは関係ないような仕事をしていました。膨大な時間を費やして、コンプスタット（ニューヨークで起こったすべての犯罪を日々追跡する、コンピュータによる複雑なリアルタイムの解析システム）の開発を監督したのです。

コンプスタットを使うことで、「現場」を即座に特定したり、犯罪の起こりやすい地域をシステム上で検索したりできるようになりました。あらゆることを迅速に決定し、修正措置もただちに行えるようになったのです。多くの人が、市の犯罪発生率が劇的に下がった一因は、コンプスタットによって「即座の対応」が可能になったことだと考えています。

ブラットンにとって、即座に対応できるようになることや、警察には日々成果を上げる責任があると認識することは、「混乱と不安を減らす」方針におけるカギとなる要素でした。そのため、コンプスタットの開発が、いちばんに取り組むべき、ブラットンの個人的な優先事項になったのでした。

すべての投機が、即座に何か見返りをもたらすとはかぎりません。しかし、「カギとなる行動律」を日々の仕事に頻繁に取り入れると、相乗効果が生まれることはたしかです。

第9章で、現場を歩いて社員と交流したり、書類を社内便を使わず自分の手で持っていったり、ほかの部署の人となにげない会話を交わしたりすることについて、私たちが学んだことを思い出してください。

それこそが、アメリカの企業トップたちが得意とする戦略です。

もうおわかりでしょう。「カギとなる行動律」を優先させることは、多くの仕事をなしとげようという意欲をかき立て、あなたが目標を達成するのを手助けしてくれるのです。

★――目標に合うことを優先させる

企業におけるあらゆる階層のほぼすべての管理者が、ここに属する優先事項を持っているでしょう。

カーリー・フィオリーナが1999年にヒューレット・パッカード社のCEOに就任したときのことをお話ししましょう。フィオリーナの優先すべき目標のうち2つは、事業を統合することと、最重要の顧客一〇〇社との取引を強化し、ひとつの企業グループによってサービスが提供されるようにすることでした。

前者を達成するために、フィオリーナは、もともとあった83の事業をわずか12にまとめました。また、後者の実現にあたっては、アマゾン・ドット・コムとの「業種を超えた」大がかりな提携をまとめました。

目標に合わせた優先事項と「カギとなる行動律」をもとにして優先事項を決めることの違いは、目標に合わせた優先事項はふつう具体的な結果を見すえており、定期的にチェックは行うとしても、いずれ終わります。一方、「カギとなる行動律」をもとにするのは、優先事項として選択するものを、何年ものあいだ周囲に知らせつづけることができます。

もしかしたら、あなたの仕事においては、そういう複雑で長期にわたる目標はないかもしれません。だとしても、焦点を定めて優先順位をつける考え方を取り入れられないか、その機会を探して、ぜひトップたちのやり方を実践してみてください。

次頁の表の第3、第4象限にある行動律や目標を実現するには、そうした行動律や目標を第1、第2象限にある仕事へ組み込まなければなりません。

難しそうに思えるかもしれませんが、やがて、「行動の中心となる」考え方は何か、つまり、ほんとうに優先すべきことは何かということが、わかるようになるでしょう。

極意10――「優先事項のコンパス」で優先すべきことを決める！

★――優先すべき仕事が対立したときには

優先すべき仕事をひとつにしぼれない場合、どのように時間を配分したらいいでしょう。

保険会社のある女性マネージャーも、その問題にぶつかっていました。

「私は、大口の法人顧客に対する〈心配りと情報の提供〉について責任を負う部署を束ねています。

先日、私はある会議に出席してほしいと頼まれました。それは、しばらく前から持ち上がっている、重要な顧客の問題を話し合うものでした。

ところが、会議が行われるまさにその時間に、私はカスタマーサービス担当者の訓練プログラムを改善することについて、上司と話をすることになっていました。顧客とじかに話をするのは、ほとんどがカスタマーサービス担当者です。ところが、彼らの対応が不十分だったために、あまりにも多くの問い合わせを上層部が受けるようになっていたのです。

会議もプログラムの改善も、ともに優先すべき仕事です。私はどちらの仕事をすれば時間を有効に使うことになるのか、判断できませんでした」

複数の仕事のうちいずれもが優先すべきものだという事態になったとき、トップたちはどうやら無意識のうちに、心のなかにある「優先事項のコンパス」を使ってうまく選択しているように思われます（図1）。

★──「優先事項のコンパス」の使い方

さて、ここに、「優先事項のコンパス」というシンプルな表があります。

私は、前出の女性マネージャーに、コンパスの東西南北のところに、優先すべき仕事や大きな目標（彼女の「方向性」、すなわち第3、第4象限）を書くように言いました。また、中央に、部署の「中核的な使命」を書くようにも言いました。

彼女は、部署の中核的な使命は「顧客に最高のサービスを提供すること」だと答えました。また、彼女自身の優先すべきテーマのうち2つは、「上司に対し、万全のサポートを行うこと」と「人生と仕事のバランスを高めること」でした。

主要なテーマのひとつである「上司をサポートする」点に焦点を当てると、会議と訓練プログラムのどちらを選ぶべきか、はっきりしました。訓練プログラムの改善に取り組むことは、上司を直接サポートすることになります。他方、会議に臨むのは、重要なことで

表5　優先事項の象限

優先事項の象限

あなたの「TO DOリスト」にある目下の優先事項について、
それぞれをいずれかの象限に振り分けることによって、分類してみましょう。

仕事本位のもの	テーマ本位のもの
● **第1象限** 具体的な最終期限の設けられた、「しなければならない仕事」	● **第2象限** 直接的な見返りのある優先事項
	例：収益など働く動機に直接関連のある事柄について、労や時間を割く。
リスト 1 ＿＿＿＿ 2 ＿＿＿＿ 3 ＿＿＿＿	リスト 1 ＿＿＿＿ 2 ＿＿＿＿ 3 ＿＿＿＿
● **第3象限** 「カギとなる行動律」をもとにした優先事項	● **第4象限** 目標に合わせた優先事項
例：部下のことで労や時間を割く。販売力を最大限に発揮させる。やる気を促す。	例：事業を統合する。経費を削減する。
リスト 1 ＿＿＿＿ 2 ＿＿＿＿ 3 ＿＿＿＿	リスト 1 ＿＿＿＿ 2 ＿＿＿＿ 3 ＿＿＿＿

はありますが、彼女の根本的な「方向性」のいずれにも、直接の関連はありませんでした。そこで彼女は、いつも真っ先に思い浮かべる質問を、みずからに投げかけました。「この件に関して、私を助けてくれる人はいないだろうか」

すぐに彼女は、ある部下を思い浮かべ、自分の代わりに会議に出てほしいと頼みました。さらに、結論と、会議の全体的な雰囲気とを報告するようにも指示しました。

このコンパスを用いた考え方は、不動、不変のものではありません。

たとえば、何か政治的な要因がからんでいたら、出席を求められた会議のほうに低い優先順位をつけることは、賢明とはいえなかったかもしれません。幸い、この女性マネージャーの場合にはあてはまりませんでしたが。

いずれにしても、コンパスは、優先すべき事柄を構造化し、分類する手段を与えてくれます。そしてときには、「上司をサポートする」ことが「北」に、「家族とのつながりを大切にする」ことが「東」にあって、「北東」に進まなければならないこともあります。

女性マネージャーは、木曜日には、娘のサッカーの決勝戦に間に合うよう、早く帰宅したいと思っていました。一方、訓練プログラムに関して上司をサポートする仕事も、まだ残っていました。

そのため彼女は、水曜日の夜は会社にほど近い友人宅に泊めてもらうことにしました。翌朝6時に出勤するためです。

図1　優先事項のコンパス

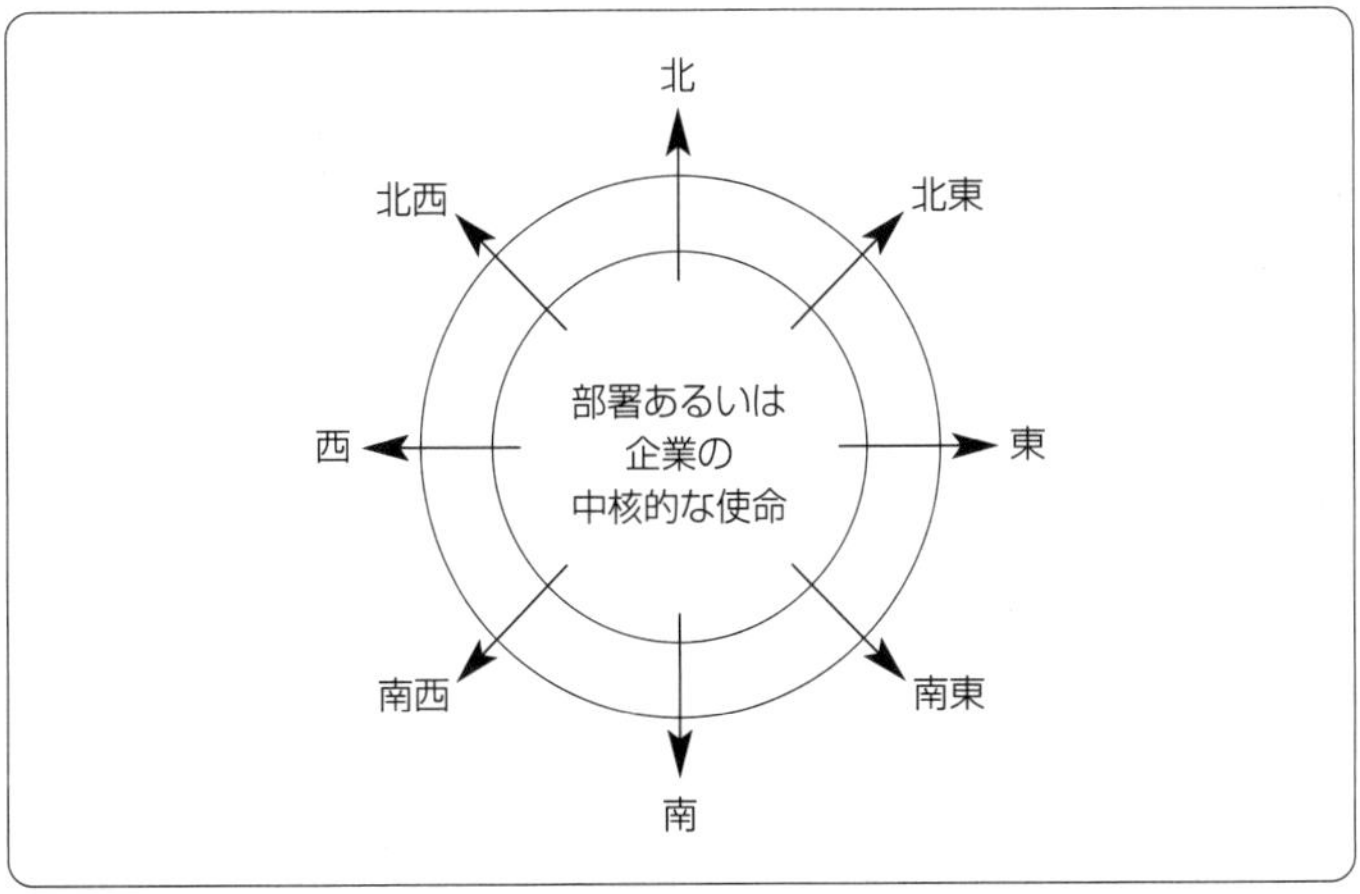

そうして、訓練プログラムの原案を用意し終えるだけの時間が生まれ、彼女は午後4時に退社し、娘の試合を見に行くことができたのでした。

第11章 会議の極意

会議が退屈ですか?

今日、企業に勤める管理職の99パーセントは、「会議なんて、多くはとんでもない時間の無駄遣いだ」と考えていると言って、おそらくまちがいないでしょう。

そのため、会議を、厄介なものではなく、時間管理にとって有用なものとして考えましょうと提案したら、とても意外に思われるかもしれません。

会議と聞くと、みなさんは無意識にこう思うのではないでしょうか。「それは、重要な仕事をするのに必要な貴重な時間を、知らず知らず奪い取ってしまうものだ」と。

しかし、輝かしい成功をおさめているトップたちの時間管理についてその習慣を研究してみると、会議のほんとうの価値に関して、おもしろいことがわかりました。

私はまず、仕事仲間や顧客に非公式なアンケート調査を行い、「いちばん時間の無駄だと思うことは何ですか」と尋ねてみました。驚くことではありませんでしたが、1番は「仕事の邪魔をするもの」、次が「会議」でした。退屈な会議、何度も何度も行われる会議、だらだらとつづく会議……。マネジメントの師、P・F・ドラッカーも、会議のことを、「不完全な組織であることを認めるもの」と述べています。

しかしながら、トップたちはあっと驚くような意見を持っています。同じ質問を成功しているトップたちにしてみると、まったく違った答えが返ってきます。

私が取材したトップのうち、会議それ自体が時間の無駄であると答えた人は、ひとりとしていなかったのです。

1990年の「フォーチュン」誌のなかで、インテル社の先の社長アンドリュー・グローブは、こう述べています。「会議は、管理活動の機会を提供してくれる。それは、管理的業務を行うのに不可欠な手段なのだ。ビジネスにおいて会議ほど時間の無駄になるものはないと言うのは、画家にとってキャンバスほど時間の無駄になるものはないと言うようなものだ――画家が日がな1日、その前に立っているからという理由でね」

会議に関してはさまざまな意見がありますが、ビジネス界には大きく分けて2種類の会議が存在する、といえます。

ひとつは、かなり厳密に定義がなされます。それは、計画を推し進めるためのものであり、みながしようと思っていることについて、土台となるものが話し合われます。

もうひとつは、もっと自由に組み立てられていくものです。ポイントは、プロジェクトや計画についてアイデアを生み出すこと。このタイプの会議は、自由な発想を促す話し合いの場であり、ブレーンストーミングを行う場であり、各自の考え方を出し合う場です。

大切なのは、どちらの会議も必要だという点です。情報の提供に終始する会議を、「ひとり3分だ、以上！」とばかりに行うことは、悪いことではありません。ただし、情報交換の場として行われる週に一度の部局会議のような会議であれ、1回かぎりの会議であれ、自由な発想を出し合う機会もあわせて提供される必要があります。

会議は、トップたちが目標を達成するのに用いる、きわめて重要な道具です。

では、彼らは、私たちの知らないどんなことを知っているのでしょう。

それは、「会議を作る技術」。つまり、どうすれば、会議を実りあるものにし、出席者の時間的投資に対して、たしかな見返りをもたらすことができるか、という点です。

極意11――自ら積極的に会議を作る！

★――「会議を作る」ための6つの基本原則

次の点には、おそらくすべての管理者が賛同するでしょう。それは、「会議をうまく管理するには、巧みな技が必要だ」という点です。

では、機能している会議について、お話したいと思います。

数週間前に、私は、16人ほどの社員から成るコンサルティング会社で社長を務める女性を訪ねました。社内を見てまわって、彼女のオフィスに戻ると、私はこう切り出しました。

「週に一度の部局会議を開いていませんね」

「どうしてわかったんです?」彼女はびっくりしたように聞き返しました。

私にはずば抜けた洞察力があるのです、と言いたいところですが、見ればすぐにわかることでした。

社内を少し歩くうちに、仕事と業務管理の双方においてあまりに多くのことが無視されているのを感じました。それに、張りつめた緊張感もただよっていました。

たとえば、私とともに歩くなかで、彼女は社員に対して2度ムッとした表情をしました。一度は、社員が、高価な機材の購入に関する問題点を彼女に知らせていなかったためでした。今一度は、電話をかけなおすのがあまりにも遅いと顧客から苦情が寄せられていることが、今の今まで報告されていなかったために起こりました。

私は説明しました。こうした緊張感や不安が起きているのは、さまざまな問題点について、定期的かつ計画的に意見交換をする場が皆無だからです。今のような「急ぎに急いだ」

情報伝達の方法では、社員たちの必要性が満たされていないのすよ、と。

多くの管理者と同様、彼女も、定期的に週に一度会議を開くなど時間の無駄だという、誤った考えを持っていました。会議なんか、いちいち開いてられないわよ。みんな、忙しいんだから……。

度重なる不手際に苛立つことと、直接顔を合わせて定期的に会議を開いていないこととの因果関係を了解すると、彼女は翌週から、そうした会議を開くことにしました。

会議は業務が始まる前に開かざるを得ず、となれば、社員はみな早くに出勤しなければなりません。彼女は、早朝出勤の命令に心おだやかに従ってもらうため、事前にメールを送って、会議の目標と目的と内容を知らせました。会議をなごやかなものにするために、コーヒーとドーナツを用意しました。また、会議のかたちや進め方についてどんどん意見を述べるよう出席者を促して、実りある時間の使い方になるようにもしました。

社員たちは、会議が開かれるようになってから、仕事がスムーズに進むようになったことに気づきました。また、顧客から苦情が寄せられることもなくなりました。

というのも、まさに最初の会議で、顧客に電話をかけなおす優先順位のつけ方が考え出され、色別のメモ用紙が使われることになりました。その結果、緊急の電話は確実にただちにかけなおされるようになり、ほかの電話もすべてが24時間以内にかけなおされるようになったのでした。

インテル社の先の社長アンドリュー・グローブによれば、無意味な会議と得るところの多い会議との違いは、「規律の正しさ」という魔法の言葉に表れるといいます。この言葉を使って、彼は、効果的な会議の規律とその実践方法を説明しています。

とりわけ、実りある会議には次の6つの基本要素が盛り込まれるという点には、多くのトップが賛同するところでしょう。

1　議題が紙面に記され、事前に配布される。その結果、参加者は、何について討議されるのかを知り、記載されている問題を話し合うための準備をすることができる。

2　定刻に始まり、定刻に終わる。

3　強いリーダーシップがある。そのおかげで、積極的な発言が促される。と同時に、話題がそれるのも防ぐことができる。

4　未決事項を残さない。会議というのは、厄介な問題が提起されると、たちまち停滞し、ぐずぐずとして先へ進まなくなってしまう。しかし、持ち出された問題はすべて、次の行動へ移されなければならない。たとえその行動が、問題を棚上げしたり打ち捨てたりすることでしかなかったとしても、である。

5　会議の記録をつける。決定事項や課題はすべて、できればその日のうちに、詳しく記録に残され、配布されなければならない。

6　進捗管理する。前回の会議の「未決事項」を、次回の会議で、あるいは適切な場で解決するのは、基本中の基本である。

私は取材と研究を重ねました。その結果、6つの基本要素を実践するための具体的な戦略として私が選んだものを、以下に紹介します。

★――議題を紙面に記入し、事前に配布する

議題リストのない会議は、多くの場合、時間の浪費になります。

議題リストには、前週行われた部局会議の記録など実用本位のものから、必要書類を一式添付してきちんと綴じられたものまで、さまざまなものがあります。

シンプルなものであれ懇切丁寧なものであれ、検討課題のリストが手元にあれば、スムーズに会議を始めることができます。参加者たちは、どんな問題が提起されるかはっきりわかっていますし、懸案事項について意見を述べる準備もできているのです。

2人のトップを例にとって、それぞれの議題リストの作り方を紹介しましょう。

ワシントンDCにある公益科学センターの副所長デニス・バスは、コンピュータ上に「絶えることのない議事リスト」を作っています。話し合うべき事柄は、彼がそれを思い

つくと同時に入力されます。あるいは、部下たちが提議すると同時にも入力されます。

次いで彼は、その週の会議で話し合う必要のある問題を選び出します。「絶えることのない議事リスト」に残ったものは、話し合う必要性のないものとして削除されたり、あるいは、後日の会議で取り上げるためにそのまま残されたりします。

医療施設の院長ドクター・ジュリー・フラッグは、直接会うか電話をするかして事前に土台をととのえることによって、週1回の部局会議用の議題リストを作っています。

月曜日に行われる会議の準備をするために、彼女は、前週の木曜日と金曜日に、重要な議題のいくつかについて同僚たちと非公式に話をします。こうすると、会議で取り上げられることを全員があらかじめ知り、適宜に準備ができるようになります。

★――定刻に始まり、定刻に終わる

定刻に会議を始めることを確実にしている3人のトップの例をあげましょう。

1　アトランタにある銀行のトップは、ある記事のなかで、次のような作戦をすすめています。「私は丁寧な口調でこう言います。〈私は9時にここに来た。悪いが、きみが遅刻したとしても、私は予定どおり9時半にここを出なければならない〉これで言いたいことは伝わって、会議はたいてい早く進みます」

2　次のように述べるトップもいます。「社員たちはみな知っています。私が出席することになっている会議に社員が1分でも遅れたら、私が秘書に彼らを探しに行かせるだろうということを」

3　またある企業のトップは、出席者が遅刻しないよう、秘書に命じて開始時刻の15分前に出席者たちに電話をかけさせ、「もうすぐ会議が始まります」と伝えさせます。会議室では、彼はドアのほうを向いてすわります。遅刻者が部屋に入ってきたとき、必ず彼と目が合うようにするためです（遅刻をくり返す人には強い抑止力になります）。

トップのなかには、何が何でも速やかに会議を終えようとする人もいます。

1　先のSEC委員長アーサー・リービットは、次のように述べています。「私は効率のよい会議を開いています。会議は1秒とたがわず定刻に始まります。そうするとやる気が高まるのです。そして、私とともに会議に主席する者はみな、何時に終わるか正確に知っています。早く終わることはあっても、遅れることは1分たりともありません。話し合うべきことが30分ですめば、それで会議は終わりです。際限のない会議というものには耐えられません。正直、大嫌いです。私が管理できる会議であれば、まちがいなく徹底的に管理しますね」

2　起業家であり経営再建の専門家でもあるゲーリー・サットンは、議題リストが事前に配布されたら、各項目にどれくらいの時間をかけるか指示をし、その時間を厳守するとよい、と述べています。

3　ゼネラル・モーターズ社の会長兼CEOリチャード・ワゴナーは、次のような方法をすすめています。「会議では、1時間のあいだに、何を誰がするかを決定します。提案や質問は事前に提出しなければなりません。すると会議では、重要なものだけに焦点を当てることができます」

★――強力なリーダーシップを発揮する

リーダーシップのない会議は、時間の無駄というべき会議の代表です。
しかし、活発な発言を促すと同時に、会議を軌道に乗せつづけるのは、両立の難しいことなのです。

活発な発言を促すという点については、さまざまな考え方があります。

アーサー・リービットやリチャード・ワゴナーは、前頁で紹介したように、会議の長さを厳しく管理することを強く主張しています。すると、出席者は主張をすばやく述べることになり、「はい、これでおひらき！」ということになります。

この考え方に賛同するものとして、スティーブ・ケイは著書*The Manager's Pocket Guide to Effective Meetings*のなかで、出席者の発言時間はそれぞれ2分とすることを提案しています。そのルールをたしかなものにするには、必要に応じてストップウォッチを使うとよいでしょう。発言がすんだら、質疑応答の時間を3分とります。すると出席者たちは、簡潔で具体的な質問ができるようになります。

またある企業の社長は出席者が論旨から外れることなく発表するよう、会議室の壁に20ドル札を何枚もテープで貼りつけています。持ち時間より早く発表を終えた出席者はみな、会議室を出るときに、壁から20ドル札を剥がします。

★——未決事項を残さない

何らかの議題が持ち出されたのに、手つかずのまま放り出されると、会議はたちどころに失敗に終わることになってしまいます。

公益科学センターの副所長デニス・バスはこんな話をしています。「会議の最中、たとえば行動計画について誰かが疑問や不安に思う点を述べたら、私はけっして放ってはおきません。ほかの社員数人と協力してその問題を解決し、次回の会議で結果を報告するよう指示します。私自身も忘れないよう、その件をメモに控えておきます」

出席者の目を、決定事項と課題と最終期限に向けさせましょう。

仕事を課すとき、ある企業のCOOはうまい方法を用いています。可能なかぎり、こう指示するのです。「最終期限として好きな日を選び、それに2週間を加えなさい」

自分で期限を選択することによって、社員は責任をも受け入れたことになります。また社員は、期限が設けられることで、COOの追跡調査体制が万全になることも知っています。

出席者のなかの誰かに、会議の要点をまとめさせ、配布させましょう。

カレッジボード（大学入試センター）のCEOガストン・ケイパートンの場合は、会議中みずからノートパソコンにメモを入力します。メモは会議後すぐに出席者に配布されます。次回の会議で経過報告することに、必ず全員が賛同するようにしましょう。またその際には、前回の会議の議事録やメモを手引き書として使うようにしましょう。

単純なことに思えるかもしれませんが、きわめて多くのトップが実行しています。私が取材したトップのなかにも、この過程をおざなりに考える人は、誰ひとりいませんでした。

あなたがどのような地位にいようとどんな仕事をしたいと思っていようと、実りある会議のための6つの基本原則に従えば、あなたはあなたの職場においてトップたちのように会議を管理することができます。この基本原則は、どのような会議であれ、そこでの時間を最大限に活用するためのたしかな指針なのです。

★――実りある会議を妨げる問題を解決する

みなさんも経験したことがあると思いますが、次のような問題が起きると、会議の方向性が著しくズレてしまう場合があります。

1 出席者が、とりとめなくだらだらと話す。

2 予定外の事態が発生する。これは、誰が悪いのでもありませんが、期せずして何か問題が出てきたときに起こります。そうした問題をもし会議の場で突きつめたら、会議はあらぬ方向へ進んでしまいます。

3 会議の場を、議論ではなく、対立やスタンドプレーや駆け引きをする場として、あるいは不平不満のはけ口として使う。

以下、会議を順調に進めるためにトップたちが使っている作戦を紹介しましょう。

1 出席者が、とりとめなくだらだらと話をした場合

——ジョン・カーリーのあとについてガネット社を見てまわったとき、ある会議で、出席者のひとりがとりとめなくだらだらと話しそうになりました。すると、ジョン・カーリーが快活に言いました。「先へ進もうか」

また、いつも「あと10語で、言いたいことをまとめてくれ」と告げるトップもいます。カンザス大学の学長は、冗談を言うことで、会議の軌道を修正することにしています。「そうだな、それは中東問題の解決には大いに役立つだろう。しかし、カンザス大学に通う新入生のクラスにとっては、さっぱりだな」

一同は笑い、また会議に集中できるようになります。

2 予定外の事態が発生した場合

——会議中に何か予期せぬ問題が起きたとき、カンザス大学の学長はよく、特別作業班を編成して、こんなふうに指示します。「ジョー、ジエーン、ジェリー、必要な援助をすべて書き出して、次の会議で検討できるよう、報告書を作ってくれ」

3 対立を管理する

——ある大手建築会社の重役は、こう述べていました。「わが社で開

かれる会議の大半は、〈意見の相違などなかった〉という事実を作るためのものです。しかし本来、意見の相違があれば、個人のあいだで徹底的に話し合うべきでしょう。私は、まず個人と個人が会って話をし、その結果を次回の定例会議で発表すべきだと強く主張しています」

また、ある重役は、チームをばらばらにしかねない状況を次のように扱いました。

「互いのことを心底から嫌っている、2人の社員がいましてね。一方が〈黒〉と言えば、もう一方は〈白〉と言う、といった調子で、互いに罵り合ってばかりいるんです。この対立のせいで、どんな切羽詰まった会議であろうと、滞ってしまいます。

それで私は、2人が協力して仕事をすることになる機会を少しずつ設けました。そして最終的にこう言いわたしました。〈この仕事をやれ。やらないなら、辞めろ〉

私は、会議の数日前に検討課題を与えたのですが、それは、2人が事前に目を通して、さまざまな点について互いの意見をまとめる必要のあるものでした。

彼らは、協同で、簡単な討議資料を用意しなければなりませんでした。それは、2人の考えが融合され、もはやどの意見がどっちのものだかわからなくなった選択肢をいくつか箇条書きにした、簡単な資料でした。

2人の仲の悪さはこれから先もつづきそうです。

でもとにかく、協同で作業をさせたことで、いいことが3つありました。まず、言い争いやチーム内での対立が少なくなりました。また、2人はわが社の有能なメンバーとして勤続できるようになりました。かつては、その可能性が急速になくなりつつあったんですよ。そしてもうひとつ、これは思いがけないことでしたが、2人が協同で作った資料には、斬新で興味深いアイデアがいくつも盛り込まれていました」

キャロリン・ニルソンは、著書*More Team Gains for Trainers*のなかで、会議のときに対立をおさめる手段として、「何」という言葉を使うことを提案しています。たとえば、「何があなたにそう尋ねさせるのか」「それについて、何があなたを困惑させるのか」といった具合です。人はふつう、立場を明確にするよう求められると、凝り固まった意見や敵意を手放すのです。

★——会議を自分のものにしたいなら

あなたが経営幹部の座をめざしていようとなかろうと、私たちは3つの方向性をまとめることができます。会議を自分のものにしたいと思うなら、ぜひとも持つべき方向性です。

1　あなたの会社における、会議のあり方をよく知ってください。うまくいっているところとうまくいっていないところに、つねに注意を向けましょう。

2　1回1回の会議の、内容や流れや進捗管理に対し、できるかぎり力を尽くしてください。あなたには会議に影響をもたらす力があることを、忘れないでください。

3　あなた自身の「会議のスタイル」を決めましょう。すると、会議の責任者になったときに、そのスタイルを効果的に実践することができます。

さあ、これで、今の会議のあり方があなたのスタイルとは違っていたとしても、あなたは会議の場で、上司が何を考えているのか推測したり、求められていることについてもっとよいアイデアを考えたりできるようになります。

もし、この先重役室にじっと目を向けつづけるなら、すばらしいアイデアを引き出すためにトップたちが使っている戦略をある程度知っておくと、会議を最大限実りあるものにするのにきっと役に立つことでしょう。

第12章 「仕事の邪魔」に対処するための極意

不意の訪問客は面倒ですか？

数年前から、私は大勢の優れたトップたちに「付き従う」ようにして、職場での彼らの日常を観察してきたなかで、私は一見首をかしげたくなるような考え方を知りました。

驚くべきことですが、トップたちは口をそろえてこう言うのです。不意の訪問客を拒否するのではなく歓迎することは、管理のためのきわめて効果的な道具だ、と。

しかし、驚くべきはそれだけではありません。実は、大企業の出世の階段を上りつめた人々は、新入社員のときから「門戸開放」主義を積極的に実践していたのです。

周囲にいるすべての人々の話を聞く態勢をつねにととのえておくことによって、彼らは影響力の中心に、すなわち人的遠心力になります。そしてこの力が、才能と勤勉さと少しばかりの運と合わさって、彼らを先へ先へと前進させます。

一見すると、「仕事を妨げるもの」を積極的に求めるという考えは、効率のよい時間管理の概念と対極をなすように思えます。

しかし、トップたちを間近で観察すればするほど、私は確信するようになりました。トップたちは、ほかの人に彼らの意見や助言や援助を求めさせるという方法で1日1日を構築することによってこそ、無意識のうちに、成功を——多くは、出世という成功を——手に入れる手段を生み出しているのだ、と。

いつでもどこでも人と交流しようとする積極性は、最初から、彼らには支配力があることを示し、やがて望みが達成されることを暗に告げているのです。

これらの真実はきわめて興味深いものですが、みなさんからすると、あまり実際的には思えないかもしれません。出世の道半ばにあるみなさんは、おそらく、ほかの人を出入りさせて、みなさんの時間を奪わせるような立場にはないでしょう。

また、相反するように見えるこの2つの目標——いつでも人の話を聞けるようにしておくことと、先を見越して1日を計画すること——に向かうのは、バランスをとるのが難しいことでもあります。

秘訣は、「仕事を妨げるもの」の対処法には基本的に3つのスタイルしかないことを理解することにあります。そして、どのスタイルが自分の個性にいちばん合うかを知ることが、職場における全管理業務の生産性を最大限に高めるカギになります。

極意12――周囲の人の話を聞く態勢をつねにととのえておく！

★――「仕事を妨げるもの」への3つの対処法

「対話」と「仕事を妨げるもの」とをつなぎ合わせるのは、面倒に思える場合も多々ありますが、今日どのような仕事においても欠くことはできません。

以下に、企業トップたちが生産性を最大限に高めるのに使っている、「仕事を妨げるもの」に対する基本的な3つの対処法を記します。

説明の前には、各対処法の考え方をわかりやすく示す「特徴」的姿勢を述べました。これは、みなさんが自分自身の対処法を認識するのに役に立つと思います。

★――「仕事を妨げるもの」を四六時中歓迎する

特徴――日頃から、仕事仲間や部下や顧客やその他の関係者が不意に訪ねてくるのを歓迎したり、促すことさえある。

思いがけず時間をとられて、問題やチャンスや進行中のプロジェクトについて話し合うことは、仕事をするうえでの原動力になっている。ほかの重要な仕事は、勤務時間の前後に処理しており、14～15時間労働になることもめずらしくない。

多くの経営トップたちが、「仕事を妨げるもの」を**必要としています**。それは、社内や業界で起きている重要なことを、知らせつづけてくれるのです。

トップにとっては、人々との絶え間ない対話こそが実際の仕事です。また、1日に数百にものぼろうかというおびただしい数の質問や意見や最新の情報や希望・要望は、掘り出すべき豊かな資源です。

絶え間なく対話することは人々の可能性を引き出す過程となるかもしれず、それは大小さまざまの恩恵として、自分の元に返ってくるのです。

突発的に起こる対話は、トップたちの仕事です。アメリカの企業トップの多くは、私たちが「仕事の邪魔をするもの」と呼ぶ他者との予定外の交流を通じて、情報を集め、問題を解決し、影響を与え、重要な仕事の手助けをして、組織を統率しているのです。

この「すべての〈仕事を妨げるもの〉に四六時中歓迎する」という考え方は、トップにしかできないことではありません。どのレベルの管理者も、あらゆる状況において、同じように行動することができます。

ある出版社の編集主任の女性は、上司と考えが通じず、戸惑ったときのことを話してくれました。ある日のこと、彼女は聞きたいことがあって上司のオフィスを覗きましたが、入り口でしばらくじっと立って待っていました。上司が一心不乱にコンピュータのキーを叩いていたため、邪魔をしてはいけないと思ったのでした。ところが、彼女に気づくなり、上司は怒ったような顔になり、苛立った様子で尋ねました。「なぜ入ってこないんだ？」

彼女が理由を説明すると、上司はこう答えました。「つねに部下の話に耳を傾けるのが、私の仕事じゃないか！　質問であれ、よく話し合って解決すべき問題であれ、あるいはアイデアを検討することであれ、それを聞くためにこそ、私はここにいるんだ」

上司と考えがズレていたことは彼女をとても困惑させましたが、この話は、上司がどのような考えを持ち、1日を通して基本的にどのようなコミュニケーションをとりたいと思っているかを理解することが、いかに重要であるかを示しています。

また、仕事仲間の話をいつでも聞く態勢をととのえておくことについても、学ぶべき点があります。「仕事を妨げるもの」のことを誰かの仕事を手助けする機会としてとらえはじめることは、組織におけるあなた自身の価値を高めるすばらしい方法なのです。

では、トップたちはどのようにして、「門戸開放主義」をとっていることを、社員や同僚に知らせているのでしょうか。

1　**オフィスのドアを、文字どおり開けておく**――ドアを開けておくことは、社員が疑問や問題を持って、また助言を求めて立ち寄るのを、いつでも歓迎することを示します。

2　**心地よくすわれる空間を作っておく**――ソファや椅子の上、あるいはまわりには、何も積み上げてはいけません。すわるのがためらわれてしまうからです。レーガン元大統領は、ゼリービーンズの大きなビンを、机の上に置いていました。

3　**ボイスメールによるメッセージを毎日更新する**――スケジュールに関して簡単な最新情報を提供すると、電話をかけてきた人に、手の空いている時間や連絡の取れる場所を知らせることができます。

私が観察した多くのトップは、日中は確実に人々の求めにいつでも応じられるようにするため、非常に早い時間に起きて自分の仕事を片づけています。これは、その職務においては、どうしても欠かせないことです。

彼らの習慣をそっくり真似るのは、家族や家庭の事情があって難しいかもしれません。しかし、目覚まし時計をいつもより30分早くセットし、価値ある時間を多少なりとも生み出して個人的な仕事をすることは、およそ誰もが実行できるのではないでしょうか。

★──適度にオフィスを開放する

特徴──日中、かなりの時間を自分自身の仕事に費やしつつ、絶えずほかの人と対話する時間も持とうとします。

不意に訪問されることを歓迎しますが、緊急の用件でないかぎりは、一定の時間オフィスを立ち入り禁止にして、自分の重要な仕事に取り組む時間を確保しようとします。


この方法があなたのスタイルに似ているようなら、あなたの「仕事を妨げるもの」に対する基本的な作戦は、オフィスを「開放する」時間と「立ち入り禁止にする」時間のあいだで、バランスを生み出すことになります。

そうしたバランスをとるのに有効な方法を、いくつか紹介しましょう。

1　1日に一度、「オフィスを開放する」時間を設定します。たとえば午後3時から5時までと決めたら、その時間は、同僚や部下が立ち寄るのを歓迎し、彼らが考えていることを聞きます。

2　PMソリューションズ社の会長兼CEO、ケント・クロフォードは、昔ながらの「今ちょっといいですか」という言葉とともにふいに誰かがやってくることが、日常業務のペースを乱すことに気づきました。そのため、自分の仕事にとって必要な時間を確保することと、社員や仕事仲間の求めにきちんと応じることとのバランスをとるために、次のような方法を採ることにしました。

まず、相手にメールで打診してもらいます。その後、〈わかった〉とか〈その時間は無理だが、この時間なら空いている〉と返事を出します。こうすると、相手の求めにきちんと応じながら、自分の時間もしっかり管理することができます。

3　ある重役は、緊急の度合いを尋ねます。「急ぎの用件か」とか「あとでもいいか」と聞くのです。後者なら、手が空いたときにメールを送ります。

4　交渉する、という方法もあります。たとえば、こんな具合です。

「話をしたいのはやまやまなんだが、今、重要な仕事をしているところなんだ。1時半にもう一度来てもらえないだろうか」

「すみません――とても大事なことなんです」

「わかった、じゃあ、5分だけ」

5　上司とも交渉してみましょう。

「この仕事はあなたの代わりに取り組んでいるのですが。今、少し話せませんか。それとも、もう少しあとだったらいいですか」

6　ドアか机に、笑いを誘うメモを貼っておくのも一手です。「9時から10時まで、天才は仕事中。メモを残しておいてください。または、再度お越しを」

★――人々の求めに、控えめに応じる

特徴――誰かが訪ねてくると、自分の1日が不意に乗っ取られたような気がします。そして、できるだけ早くその人を追い返して仕事に戻るにはどうすればいいか、方法を見つけ出そうとします。

非社交的というわけではなく、目の前の仕事に集中して取り組みたいと思うのです。

すべてを自分の思いどおりに管理したいと思っても、会社ではそうもいかず、ときには「仕事の邪魔をするもの」を受け入れざるを得ない場合があります。

そういう場合には、電話かEメールでやりとりしたい、あるいは、会う必要があることを事前に知らせてほしいと、求めるとよいでしょう。

ある重役は、誰かがふいに訪ねてくることに辟易《へきえき》せずにすむよう、2つの方法を用いています。まず、人々が来てもすぐに帰るよう、オフィス内の温度を16～17度に保っています。また、自分用以外には椅子を置いていません。そのため、訪問者はじきに居心地が悪くなって、オフィスを出ていきます。

ほかにも、次のような方法を用いることができます。

1　訪問者と否応なしに目が合って会話せざるを得なくなることのないよう、机の向きを変えましょう。

2　同僚がおしゃべりをしにやってきたら、まるでこれから出かけるところであるかのように、椅子から立ち上がりましょう。同僚は察し、すぐに退出するはずです。

3　おしゃべりを切り上げるためには、こう尋ねます。「ほかにもまだ何か、知りたいことがありますか？」

4

会話が途切れたところをねらって、こう告げるのも一手。「情報をありがとう。助かったよ」。そして流れるような「軽やかな足どり」で、訪問者をドアへ導きます。

まとめ――〈出世する人の仕事術〉とは何か？

出世の階段を上りつめたトップたちの戦略について読むうちに、みなさんは、彼らの話には共通する特徴があることに気づいたのではないでしょうか。

大勢の組織のトップを間近に観察した後、私は、彼らが精神面においてきわめて特徴的なものを持って、効率のよい仕事と時間の管理法を編み出していることを見出しました。

こう思うのです。トップたちは、自分の時間や、仕事の中核部分に意識を集中しますが、そうした世界で彼らがほんとうにしているのは、「影響力を管理する」ことではないか、と。

この点に初めて気づいたのは、あるトップを取材しているときのことでした。

私はそのトップに、「義務的な職務」としてどんなことをしているか教えてほしいと再三頼んでいたのですが、ついに彼はちょっとイラついた口調でこう答えました。

「習慣的にしていることがひとつだけある。スピーチライターが用意した草稿を編集することだ。飛行機に乗っているときに、あらかた片づけてしまうがね。ほかには、義務的な職務なんて、ひとつもないよ」

彼のイラついた返事に、私はハッとなりました。そうか、と思いました。義務的な職務など、ひとつもないのです。

けれども、次の瞬間、私は心のなかで思いました。「だけど、この人たちは、毎日をのんびり暮らしているわけじゃない。義務的な職務をこなしていないなら、いったい何をしているのかしら」

実質的に、彼らの時間はすべて他者との対話に使われるため、彼らの仕事はそうした対話をするなかで、何らかの方法で行われているにちがいないと思いました。

そして、私は彼らのあとに付き従うことによって発見しました。そうした対話は形式にとらわれない自由なものであり、ときおりゴルフや家族の話などを織り交ぜながら、提案や疑問や意見を述べたり部下の考えを引き出したりすることから成り立っているのです。

私はこう結論しました。トップたちの第1の仕事は、命令することではなく、絶えず交流をはかることによってほかの人たちに影響をもたらすことなのだ、と。

やがて私はその点に注目するようになりました。

いったい、トップたちは、人々に影響をもたらして組織を導くために、どのような時間の使い方をしているのでしょうか。

★――「他人に影響をもたらす」ことを重視する

「影響力を管理する」というのはあまり実際的に思えないため、この考え方を自分の仕事に取り入れることなど、ほんとうにできるだろうかと思われるかもしれません。しかし、この考え方をいささかでも日々の仕事に組み入れると、時間に対する見方そのものが大きく変わります。

何より、影響力を管理することとは、私の見るかぎり、業種を問わず巨大な組織において出世の階段を一段一段、最上段まで上りつめたトップたちの、典型的な行動なのです。

では、どうすればこの考え方を取り入れて、生産性を上げることができるのでしょうか。

それには、重視するものを変える必要があります。

私たちの多くは、優先事項と定めた仕事をこなすことを最重視しますが、トップたちは、「他人に影響をもたらすこと」を重視するようになっているのです。

ここでいう「影響をもたらす」とは、個人的なやりとりを通じて、励ましたり注意を促したり叱ったり賛同したりし、誰かほかの人の態度やふるまいに少し影響を与えることを指します。やりとりの方法は、直接会う場合もあれば、電話の場合もあります（Eメールは除外します）。

いったい、トップたちはどのようにして、そんな短い時間で人々の心を動かしているのでしょうか。

トップは、組織の長期的計画の達成を念頭に置いた、明確な基本方針を心に持っています。そのために、エレベーターでのなにげない会話を含めたほぼすべてのやりとりから「価値」を見出すという恐ろしく複雑な作業をし、2つか3つのちょっとした目標を達成できるのです。

しかしこれには首をかしげたくなります。

トップたちは、大小さまざまの仕事についてはもちろん、スポーツや家族のことなど仕事に関係のない話題について、廊下を歩きながらおしゃべりするわけですが、そんな時間のなかに、どのようにすれば価値を注ぎ込めるのでしょうか。

しかし、ここにこそ、時間に関する驚くべき考え方があります。価値の多くは実際、こうした無数のなにげないおしゃべりのなかで生み出されているのです。

その根底にある理論的根拠については本章の最後で述べることにして、まず、「影響を与える」姿勢のベースとなっている、時間を基盤とした3つの基本的な特徴を明らかにしていきましょう。

そのあとで、「影響を与える」13の機会について概略を述べます。そして、どのようにすれば、今日からでも、多方面に同時に影響を与えることよって複数の目的を達成できるようになるかを示したいと思います。

★――つねに一点に集中し、影響力を広げる

トップたちは、たとえ1分間であれ数秒間であれ、今していることには何でも、恐いくらいに集中します。

そして必ず、何らかの返事をするか、あるいは決定をします。

本書においては、さまざまなところでこの特徴が出てきます。

それはひっきりなしに「仕事を妨げられ」ながら仕事をこなす話のときもそうです。仕事を中断されることは、仕事の「急激な広がり」をもたらします。

トップたちは、不意の訪問を受けて質問に答えるにせよ、仕事を中断して電話をかけなおしたりメールの返信をするにせよ、そこで生まれるひとつひとつの交流を、確実に、自分の影響力の及ぶ範囲を広げる機会にしているのです。

そうした機会の増え方を考えてみましょう。

「仕事を妨げるもの」を通して影響力を広げる機会が、1日に、たとえば10回あったとします。すると、ひと月では二〇〇回、1年では二四〇〇回にもなるのです！　今後ずっとということになれば、組織あるいは業界内での影響力は、飛躍的に大きくなるはずです。

ぜひ、次のように行動してみてください。

書類仕事に取り組んだり、電話をかけなおしたり、メールに返事を出したり、報告書を準備したり、手を止めて質問に答えたりするときには、各章で述べてきたトップたちの、効率よく仕事を片づけ時間を管理するための実際的な価値のある道具を使って、一点集中型の考え方をするようにしてみましょう。一度に複数の仕事をする風潮に流されることなく、目の前にある問題に、処理が完了するまで、集中して取り組みましょう。

ものごとに集中して取り組めるようになると、意志決定する力も日々高まっていきます。すると、重要な仕事を達成するための時間が増え、職場におけるあなたの影響力も強まることでしょう。

★——机の上の90パーセントを委託する

エイボン社の元CEOはこう述べています。「オフィスに入った瞬間から、私は、机の上にもたらされるあらゆるもののうち90パーセントを、誰かに委託します。成功するには、それしかありません」

出世の階段を上りつめた人のほぼ全員が、このアドバイスを肝に銘じているはずです。

理由は２つあります。

委託することは、第1に、核となる仕事、すなわち「影響力を管理する」ための機会を生み出します。第2に、「組織を作る」ための資源を解放し、活用します。

1 「影響力を管理する」ための機会を生み出す――トップの第1の仕事が「影響力を管理する」ことであるなら、その仕事から外れるものは何であれ、当然、減らされたり削られたりします。すなわち、「机の上にもたらされるあらゆるもののうち、90パーセントを委託」して、「影響力を管理する」時間を広げることは実際、職務の範囲なのです。また、委託する過程で必要になるあらゆる対話では、仕事や最新の状況や進捗管理について話し合ったり情報交換がなされたりします。この対話そのものも（あるいは、この対話こそが）、「影響力を管理する」やりとりのための重要な場となります。

2 「組織を作る」ための資源を解放する――出世の階段を上りつめたトップたちへの取材記事を見ると、「構築する」という言葉がくり返し使われています。そのなかで、事業を「構築」するのにトップたちが使うのは、ほかの人々の技術やエネルギーややる気です。そのため、仕事はもちろんさまざまな責任や目標をも委託することによって、そうした技術やエネルギーを解放し、活用し、結集することは、あらゆるレベルの成功したトップが持つ手腕といえます。

ラリー・ボシディは、共著書『経営は「実行」――明日から結果を出す鉄則』（日本経済新聞社）で、こう述べています。「やり手かどうかは、仕事のしかたを見ればすぐにわかる。やり手というのは、社員のやる気を高め、難しい問題を決断し、仕事を他人の手を通してやりとげ、まるで本能であるかのように、ものごとをどこまでも追求していくのだ」より効果的に委託するには、次のような方法を用いるとよいでしょう。

1　重要な仕事と優先すべきテーマを、明確に心に描いてください。

2　1の仕事とテーマを、他人を通して実行するための、手段と機会を探してください。

3　公式な再検討を行います。スケジュールに、少なくとも週に二度、椅子にすわって話し合う場を盛り込みましょう。また、3カ月に一度、「全体の状況」を再検討するのも有効です。

4　「調子はどうだ?」「何か手伝えることはあるかね?」などと言って、非公式な交流を、MBWAを行ってください。積極的に人々と話し合う機会を数多く設けて、質問に答えたり問題を解決したりしてください。これは、必要不可欠なことです。

5　進捗管理をし、どんな仕事であれとことん追求してください。それが、息をするのと同じくらい自然なことにならなければなりません。

ダラスの市政担当官は、部下の仕事を「進捗管理すること」について、次のような作戦を話してくれました。

「私は進捗管理すべきことをリストにして持っています。彼らに煙たがられるようなことはしません。ただ、私が忘れてはいないことを伝えます。そして、ときどき尋ねます。〈この件については前に頼んだはずだな。もう、3週間になるぞ〉私はたくさんのことを部下に委託しますが、そのままにしておくことはありません。ただ、しないほうがいいのは、彼らの仕事に口を挟むこと。ああしろこうしろとうるさく言われたら、いやでしょう」

この市政担当官は、委託した仕事のリストをコンピュータに入力し、託した日の日付や相手や仕事の内容や期限を記します。

また、こうも述べていました。「私はこのリストを1年の終わりに見返します。勤務評定に大いに関係がありますから」

優秀な部下とは、2週間に1度、個人的に話をし、1年の終わりを待つことなくリストを取り出します。そして、「この仕事をこんなに早く片づけるとは、みごとだった」とか、「あの仕事はちょっと時間がかかりすぎたな」などと伝えます。

彼は仕事の量にも絶えず気を配っていて、「もっともっと！」とばかりにやたら仕事をしたがる部下に、負荷がかかりすぎないよう注意しています。誰かの負担になりすぎていると感じたときには、ほかの人に仕事をさせたり、可能なら期限を延ばしたりします。

こうした配慮の行き届いた委託は、舵を取ることと関係があります。正しい方向に進んでいるだろうか。協議を必要とする、隠れた危険はないだろうか。どんな問題が起こりうるだろう。また、そうした問題に、どうすれば対処し、解決できるだろう。発展のために、どのような機会を利用することができるだろう。

トップたちにとって、「机の上にもたらされるあらゆるもののうち、90パーセントを委託する」ことは、その仕事を削除することではありません。ある意味、それは造園家になることです。すなわち、どんな庭を造るか指針を表明し、管理し、進路を定め、社員の技術やエネルギーやリーダーシップを解放して、共通の目標へ導くことを意味するのです。

★——委託する人がいない場合は

しかしながら、仕事の90パーセントを委託しようにも、そうした部下がいないときはどうすればいいのでしょう。

その場合は、面倒な仕事や時間の浪費となるような仕事は、「歴史のゴミ箱」に放り込んでしまいましょう。すなわち、そうした仕事を削除したり、ほかの人と協力して取り組んだり、部下の能力に合うよう仕事の割り振りを替えたりするのです。

とはいえ、古い習慣を変えるのは難しいものです。そこで、この方法を取り入れるために、平均的な１週間をふり返り、簡単なＴＲＡＦから手間のかかる報告書や計算にいたるまで、すべての仕事をリストアップしてください。そして、以下のようにして、リストに取り組んでください。

1　削除する――リストのなかに、定期的に行ってはいるものの、削除してもさほど影響のなさそうな仕事はありませんか。たとえば、３度目の校正をしている書類や、使われないかもしれないのに用意した報告書などです。

もし自分で決められるなら、そうした仕事をやめて、１週間ばかり様子を見てみましょう。誰にもとがめられないようなら、その仕事はもうする必要はありません。

勝手には削除できないと思う場合は、上司に事情を話してみましょう。

2　ほかの人と協力して取り組む――同僚に相談をするべき機会はたくさんありますし、それによって、仕事はより充実した豊かなものになります。また、等しく責任を負ってほかの人と仕事をすることはいっそうの満足をもたらす場合が多いため、エネルギーが集められ、結果として効率性を上げることにもなります。

3 仕事の割り振りを替える——リストには、おもしろくなかったり面倒だったり精神的重圧が多かったりする仕事があるかもしれません。あるいは、なおざりにしがちなものがあるかもしれません。

しかし、ちょっと考えてみてください。この世のどこかには、あなたには煩わしくてたまらない仕事を、楽しく簡単にこなしてしまう人がいます。そして、その人は、あなたのすぐ隣の机にすわっているかもしれないのです。

例をあげましょう。

買付担当の責任者であるエレンは、基本的なＴＲＡＦが大嫌いで、書類やメールの処理が遅れてばかりいます。その彼女が、同僚のサムに、自分宛てに来る書類を毎日チェックしてくれないかと頼みました。極東へ買付旅行に行っているあいだに、彼女が知る必要のある書類が来ていないかどうか、確認してほしいというのです。

サムにとって、それは何の苦もなくできる仕事でした。買付旅行から戻った彼女が目にしたのは、恐れていた書類の山ではなく、サムが彼女みずから見るべきだと思った書類が数点と、仕事を割り振った部下たちのリストでした。

何という手際のよさでしょう！　エレンはすぐさま、サムに尋ねました。私の「参謀長」になってくれないか。その代わり、私にできる、サムにとっては煩わしい仕事を引き受けるから、と。そして、そのとおりになりました。

削除された仕事はひとつもなく、時間もやはり費やされているわけですが、ここで見られる時間管理のコツとはいったい何でしょうか。

「興味を引かれ、エネルギーを注ぎたいと思う仕事を求めることによって、生産性を高めよ」。これです。

★――影響力を支配する13の機会

時間管理に関するトップたちの3つの基本的な特徴、すなわち、（1）一点に集中する（2）あらゆる書類や電話に即対応する、（3）万全の進捗管理をしながら積極的に仕事を委託する、という特徴を自分のものにできるようになってきたら、職場において影響力を支配する新たな機会を、毎日見つけられるようになるでしょう。

1日のなかには多くの対話があるのですから、まずは、ほかの人があなたに言うこととあなたがほかの人に言うことを分析し、それらを後述する13タイプのうち、ひとつ以上の適切な状況に組み入れてみてください。また、長年あたためてきた企画があるなら、くり返し、さりげなく話題にしてみてください。

ひとことふたこと言葉をかわすだけのものを含めあらゆる対話において、13タイプの状況のうち少なくとも2つに従って、意識的に行動してみましょう。そうすれば、劇的に影響力が広がり、生産性が上がります――まさに、トップたちのように。

しかしながら、忘れないでください。どんなことであれ、無理に推し進めようとしてはいけません。多くの場合、そうした対話は間接的なものです。影響力は、コツコツ積み重ねられてこそ、大きな力を発揮します。

13タイプの対話はいずれも、職場でのさまざまな状況において、より効果的に影響力を及ぼす方法を示すものです。

すべてを合わせれば、影響力を支配するための無限の機会が手に入ります。ほかの人々を感化し、長い時間《とき》をかけて大きな影響をもたらすようになり、いずれ組織の頂点へとたどり着くことになるのです。

1 結びつきを強める

ある大企業のトップがCEOに、報告書のコピーがほしいと直接電話をします。用件そのものは大したことではありませんが、電話をかけることは重要です。人脈をきちんととのえておくことは、「優先すべき隠れた仕事」と呼ばれうるものです。すなわち、電話をするか立ち寄るかはともかく、連絡すること自体が優先すべき仕事になるのです。

ACTION

社内外を問わず、結びつきが重要であると思う相手に電話をしましょう。そして、何らかの問題について、レポートや助言を求めてください。レポートや助言そのものがほんとうに必要かどうかはさておき、その相手とより親密になることができます。

2 情報をやりとりする

ある不動産投資信託会社の社長は、こう述べています。「もし月に一度、ほんの5分でも時間をとって、顧客サービスや問題解決について尋ねたら、今起きていることについて、意見の傾向がわかるだろう」。また、バーバラ・レイ・トフラーは、アーサー・アンダーセンの失敗を描いた著書『ファイナル・アカウンティング』を取り上げて、次のように述べています。「すべてのリーダーが肝に銘じるべき、重要な言葉があります。それは、〈知るべきことを知りなさい〉という言葉です。組織のリーダーは、聞きたくないと思うことでも、全力をあげてあらゆる情報を得る努力をしなければならないのです」

ACTION

確実に実行できるようスケジュール表に印をして、月に一度、批評力のある同僚と会うようにしましょう。目的は、自分の職場で何が起きているか見つけ出すことです。

もしかしたら、職場で主流になっている考えがわかるかもしれませんし、危機に陥ったときに強力な味方となるつながりを築けるかもしれません。

3　アイデアを育てる

クライスラー社の元社長リー・アイアコッカは、自伝のなかでこう述べています。「アイデアを育てる最良の方法は、上司とやりとりをすることだ。他愛のないおしゃべりをしたり、助け合ったり、問題を解決したりすることなのだ」。また、ある企業のトップは、アイデアを生み出すことよりむしろ、活発な議論ができる環境を作ることや、創造的なエネルギーが集まって生産力が上がるよう、チームメンバーを導くことを指示していました。

ACTION

仕事仲間と「ブレーンストーミング」による非公式な集まりを定期的に持つことを提案しましょう。これは、とうてい討論し尽くせそうにない野心的なアイデアを出し合うためのものです。まずは、あなた自身のアイデアを話して、創造的な話し合いをするきっかけを作りましょう。

4　ビジョンを話す

優れたトップは非凡な才能を持っています。チームメンバーからさまざまな考えや提案を引き出し、混ぜ合わせることによって、ビジョンを明確に述べることができるのです。

ACTION

部署の使命についてどのような考えを持っているか、ときどき彼らと話をしましょう。できれば、漠然とした考えだけでなく具体的な使命を話してもらえるよう、積極的に手を貸しましょう。管理職の人は、社内における「部署の未来像」について、明確なビジョンを持つ必要があります。そうすれば、部下は自分たちの目標をよりはっきり定義できるようになります。

5　影響しあう

シティコープに勤めていたとき、ジョン・リードはこう述べました。「私は部下たちから働きかけを受けます。部下たちは私の心を捕らえて、ある方向へ連れていこうとするんです。それも私の仕事の一部ですけどね。それで、私は考えを変えるんです」

検討する価値があると思う考えを持っているなら、自分の考えを採用するよう、同僚や上司に働きかけてみましょう（おだやかに、ユーモアを交えましょう）。逆に、部下に対しては、斬新な考えを持ってあなたに働きかけるよう、すなわち、自分の主張の正しさを述べるよう促しましょう。

ACTION

6 問題や不満を探し出す

シティコープのある重役は、CEOについて、こう述べていました。「彼はつねに、その場の状況に注意を払っています——日々の経営情報の流れのなかで浮かび上がってくるかもしれない、さまざまな状況に。彼は、意見の相違を感じ取り、それを総体的な評価のなかに効果的に組み入れていくんです」

日常の会議や非公式なおしゃべりをしているときも、周囲の様子に注意を怠らないようにしましょう。直感的に、何か変だとか、いつもと違うと感じたら、聞こえてくるものに注意深く耳を傾けましょう。そして、その状況をきちんと理解して、あなたの仕事や決定に活かすようにしましょう。

ACTION

7 考えを推進する

ともに働く人々に影響を与えるためには、決定方法を提案したり、自分の考えをまとめたメモを送ったり、会議のときに意見を加えたり、といったことができます。アンドリュー・S・グローブは、著書*High Output Management*で、次のように述べています。

「これは、優先される行動を主張しているだけで、指示や命令を出しているわけではない。しかし、たんに情報を伝えるより強力なことをしているのだ。それを〈考えの推進〉と呼ぼう。つまり、人や会議を自分の思うほうへと進ませるからだ。これは、きわめて重要な管理活動だ。あらゆる決断を明快なものにするために、われわれは何度もものごとを自分の思うほうへ進ませることだろう。私はまた、直接の管理下にない社員たちに影響を与えることもできる。その社員たちを管理する人々に対して、意見を述べるのだ」

ACTION

プロジェクトが暗礁に乗り上げたら、主要メンバーに対して「考えを推進」してください。似たようなプロジェクトの成功例をあげるのも一手です。また、誰かが積極的に取り組んでいるなら、励ましのメールを送りましょう。もちろん、ほかのメンバーにもCCで。そうすれば、努力は正当に評価され、報いられることが伝わります。

8 手本になる

「価値と行動基準は、目に見えるように行動することによって、きわめて効果的に伝えられる」そんなふうに、上に立つ人が、情報をはじめ権限や公正さや意志決定のスタイルや倫理観などを伝えることは、直接の部下に影響をもたらし、部下たち自身のスタイルの手本となります。そして、その下にいる部下たちにも伝わっていきます。

ACTION

たとえば、勤め先で近ごろ倫理的な言動が問題になっているなら、あなた自身の倫理的姿勢を行動で示しましょう。そのためには、部下や同僚や顧客との関係において、あなたの言葉は契約書と同じくらい確実であることを示すとよいでしょう。

9 褒める

心を込めて褒めましょう。また、ちょっとした冗談を言ったり個人的におしゃべりをしたりして、結びつきを強めましょう。

毎週、数分の時間をとって、週末や休暇の予定を尋ねてみましょう。これは、個人として相手に関心を持っていることを示すことになります。

10 叱る

適切な時期に、軌道修正を示唆しましょう。場合によっては、叱責することも必要です。誰かが成果を上げていない場合、次のように言ってみます。「なぜ～してみないんだ？」「○○社では、すばらしい成果を上げていたな」。場合によっては、こう言ってもよいでしょう。「この件に関しては、きみはチームの名誉を傷つけた」

ACTION

チームの誰かが目標を達成できずにいるなら、その人の助けとなりそうな別の手段を提案してみましょう。

11 手を差し伸べる

手助けしたり、調停したり、最終期限を監視したりすることも大切です。こう尋ねてみましょう。「例の件はどんな具合だ？　私で何か役に立つことはないか？」

ACTION

圧力をかけることによって部下を必死にさせることと、協力的で頼れる存在であることとのバランスを見つけましょう。

12 スムーズに進める

仕事をスムーズに進めましょう。ジョン・コッターは、著書*The General Managers*のなかで、出世途中にある若い重役のことに触れ、この重役はつながりを持つ必要性に気づいたと述べています。すなわち、この重役は、「何をする必要があるかということと、仕事をやりとげるには誰の手を借りる必要があるかということを知った」のでした。

ACTION

まず、「この仕事をスムーズに進めるために、何をする必要があるだろう」と自問してください。次に、「この仕事をやりとげるには、誰の手を借りる必要があるだろう」と問いかけてください。グループ内の、最も影響力のある人とあらかじめ相談することによって、地ならしをしておきましょう。

13 評価する

コンサルタントのラム・チャランは失敗したトップたちの研究をしましたが、それによれば、成功したトップの重要な特徴としてあげられるのは、優秀な部下の業績とみずからについて、率直な意見を求める強い意志でした。そうした意志を持っていたことでよく知られているトップは、先のニューヨーク市長、エドワード・I・コッチです。彼は絶えずこう尋ねました。「私のやり方はどんな具合だろう?」

ACTION

もしあなたの会社が仲間による評価を実施していないなら、あなたや、そしてほかのすべての人のやり方が実際はどうなのか、率直な意見を得る手段として、仲間による評価を行うことを提案してみましょう。あるいは、プロジェクトについて、チームメンバーとともに事後検討を行いましょう。そして、何が、あるいは誰が、成功または失敗に影響をもたらしたか、遠回しに評価する機会を作りましょう。

★――すべての仕事に用いている戦略

「影響力を管理する」というこの独特な方法は、最終的に、きわめて特徴的な時間管理のスタイルを生み出します。

それは、トップたちがすべての仕事に用いている、「短い会話のなかに価値を見出して有効に時間を使う」という戦略です。そしてその戦略を用いていることが、彼らが時間を「増やし」、他を圧倒する成功を収めている最大の理由です。

しかし、安心してください。「影響力を管理する」という考え方は、出世階段のどの段にいようと、みなさんも取り入れることができます。

トップたちの時間管理法がピンとこない場合は、少し変えたりアレンジしたりするとよいでしょう。これは、本書で紹介した、効率よく仕事を片づけ、時間を管理する戦略のいずれにも言えることです。

これらの戦略を活用すれば、あなたはあなたの職場においてトップのように行動できるようになります。トップたちと同様、効果的に仕事をし、周囲に確実に影響力を及ぼせるようになるのです。たとえ重役室をめざしていないとしても、彼らの戦略のいくつかを取り入れると、生産性を飛躍的に高められるようになります。

少なくとも、「時間を増やす」という魔法を経験するはずです。

1日にもっと時間があったら……。

そう願わない人は、いないのです。

仕事術の極意12カ条

❶ すべての書類は、「ＴＲＡＦ」でとにかく決定する！

❷ じかに話したほうがよいときはメールを使わない！

❸ 自分に合うＴＯ ＤＯリストを見きわめる！

❹ スケジュール表は、日々徹底して活用する！

❺ あらゆる情報は１冊のノートに収める！

❻ 電話はすべて24時間以内にかけなおす！

❼ 日常の業務は、あちこちの時間に「ばらまく」！

❽ 自分にとって最良の時間を見つける！

❾ 今している仕事に意識を集中させる！

❿ 「優先事項のコンパス」で優先すべきことを決める！

⓫ 自ら積極的に会議を作る！

⓬ 周囲の人の話を聞く態勢をつねにととのえておく！

●著者紹介

ステファニー・ウィンストン（Stephanie Winston）

アメリカ在住のコンサルタント。The Organizing Principle社の設立者であり、同社にてコンサルティング活動を行っている。おもなクライアント企業は、アメリカン・エキスプレス、ゼロックス、モルガン・スタンレーなど。

前作『The Organizing Executive』（日本では中経出版より『朝9時から11時までは部下の話を聞くのはやめなさい！』として刊行）は発売以来、30万部を超えるロングセラーとなっているほか、世界各国で翻訳されている。また、これまでの著作の累計部数は、100万部を超えている。

●著者紹介

野津智子（Tomoko Nozu）

獨協大学外国語学部フランス語学科卒業。おもな訳書に、『仕事は楽しいかね？』『仕事は楽しいかね？ 2』（以上、きこ書房）、『まず心の声を「キャッチ」せよ！』（英治出版）、『マジック・ストーリー』（ソフトバンクパブリッシング）など。

また、『魔法があるなら』（PHP研究所）をはじめ、ハートウォーミングな小説の翻訳も手がけている。

英治出版からのお知らせ

弊社のホームページでは、無料で**「バーチャル立ち読みサービス(http:/www.eijipress.co.jp)」**をご提供しています。ここでは、弊社の既刊本を、紙の本のイメージそのままで「公開」しています。ぜひ一度、アクセスしてみてください。

本書に対する「ご意見、ご感想」などをeメール(editor@eijipress.co.jp)で受け付けています。お送りいただいた方には、弊社の「新刊案内メール(無料)」を定期的にお送りします。

たくさんのメールを、お待ちしております。

出世する人の仕事術
あなたの能力を引き出す12の極意

発行日 2005年7月21日 第1版 第1刷 発行
2005年9月21日 第1版 第2刷 発行
著 者 ステファニー・ウィンストン
訳 者 野津智子(のづ・ともこ)
発行人 原田英治
発 行 英治出版株式会社
〒150-0022 東京都渋谷区恵比寿南1-9-12 ピトレスクビル4F
電話:03-5773-0193 FAX:03-5773-0194
URL:http://www.eijipress.co.jp/
印 刷 中央精版印刷株式会社
装 丁 長谷川理
カバーイラスト タラジロウ
編集協力 ガイア・オペレーションズ
出版プロデューサー 秋元麻希
スタッフ 原田涼子/鬼頭穰/深澤友紀子/高野達成/秋山仁奈子/大西美穂

ISBN4-901234-68-4 C0034
